Ermanno Cristini
Forse

l'a.

l'a. is a series of print-on-demand artists' books by

la centrale edizioni

a not-for-profit, collective name
founded in Southern Europe in 2018

linktr.ee/lacentrale

Ermanno Cristini
Forse

book design by Giancarlo Norese
first edition, March 2023 (LA-07)

ISBN 979-8-3875-8633-0

a Monica e Andrea

Forse il dubbio

Molte persone mi fanno notare che "forse" è un intercalare che uso spesso, seguito o preceduto da una pausa, forse.

L'età del dubbio, a cura di Concetta Modica e Sophie Usunier, Scicli, 2013

Questo libro raccoglie una selezione di testi scritti soprattutto negli ultimi dieci anni per usi e destinazioni diverse, tutti già pubblicati in circostanze molteplici e in parte inevitabilmente dispersi. Ne risulta un insieme sicuramente disomogeneo, anche sul piano stilistico, che registra però, e proprio in virtù di questa disomogeneità, l'andamento zigzagante di un pensiero che incrocia ed è parte stessa del mio lavoro artistico. Un lavoro che ha nella scrittura non un dato accessorio o laterale ma una componente imprescindibile e inscindibile.

Alla fine, riguardando l'insieme, mi appaiono delle ricorrenze e anche delle ripetizioni che non saprei se definire come delle urgenze o delle "fissazioni" o tutt'e due. Sta di fatto che disegnata da queste ricorrenze forse si può scorgere una visione, animata dalla certezza del dubbio, forse.

Concludono il percorso, ordinato cronologicamente a ritroso, frammenti di testi che risalgono addirittura al 1982; quando li rileggo mi piace scoprire ogni volta che avendo camminato per tanta strada ci si ritrova sempre al punto di partenza ma che questo punto essendo lo stesso non è mai lo stesso. Che avesse ragione T.S. Eliot quando diceva: "Noi non dobbiamo cessare di esplorare, e il fine di tutta la nostra esplorazione sarà quello di arrivare là dove cominciammo e di conoscere quel posto per la prima volta"?

E.C.

Attimi di arresto

Polvere, sfocature e rotolacampi

Da: Ermanno Cristini
Data: martedì 30 ottobre 2017 18,33
A: Francesca Petrolo
Oggetto: Memoria

Ciao Francesca,
a proposito di quello che ti dicevo ieri, un punto di partenza potrebbe essere questo passo de La recherche: *"Così è per il nostro passato. È inutile cercare di evocarlo, tutti gli sforzi della nostra intelligenza sono vani. Esso si nasconde all'infuori del suo campo e del suo raggio d'azione in qualche oggetto materiale (nella sensazione che ci verrebbe data da quest'oggetto materiale) che noi non supponiamo."*

* * *

Da: Francesca Petrolo
Data: martedì 31 ottobre 2017 17:26
A: Ermanno Cristini
Oggetto: Re: Memoria

… io non so se sono strana o è perché amo tornare nei luoghi di sempre (il massimo che ho fatto è traslocare di due piani nello stesso condominio portandomi però dietro i mobili di mia nonna che hanno 100 anni e che pensa un po' nascevano per la casa natale di mia madre a Barlassina) ma a volte talmente il mio passato è presente che

mi pare di vivere vite parallele, la mia presente e le mie cento passate negli stessi luoghi contemporaneamente...

Eric nella limousine di *Cosmopolis* galleggia anestetizzato: il luogo si perde entro la sua ipervisibilità, a consumare lo sfarinamento della memoria.

Al suo cospetto il dialogo con Francesca sobbalza; è così quando si cerca di riafferrare il tempo, non il suo scorrere ma il suo spessore: bisogna socchiudere gli occhi per guardare "sfuocato". È un'anomalia della visione, una sorta di afasia del vedere, a farci praticare un ritardo capace di rivelare nelle cose i fili di un racconto possibile. E nel racconto può disegnarsi una storia dove il presente carichi la valenza dell'attimo di arresto benjaminiano in quanto "ora della conoscibilità".

Con le forme di una "gita in campagna", gli artisti che partecipano a questa avventura si dispongono a tracciare degli itinerari narrativi. Assumendo quel nomadismo che è dei "rotolacampi" si misurano con gli oggetti di un luogo per incontrare dei luoghi, ovvero dei percorsi di senso dove la sorpresa nutra un'*humanitas* da ritrovare.

Tra la polvere delle cose, perché la polvere è una risorsa del tempo, in qualche modo la sua voce, qualcosa che coprendo svela, avvolgendo di silenzio fa parlare. La polvere è una cerniera, nell'accezione che il termine aveva in Duchamp, la condizione di un movimento del pensiero, un'attitudine ad "allevare" per fare del presente non solo un adesso.

Tra parentesi: (diceva John Cage di Marcel Duchamp: "Tutti gli altri sono artisti, Duchamp raccoglie polvere").

Attimi di arresto. Polvere, sfocature e rotolacampi, un progetto di Ermanno Cristini e Francesca Petrolo, Casa Petrolo, Ticinallo, giugno 2018

I numeri rovesciati di Piquemal
e il *fare in meno*

Leggo nel comunicato stampa conclusivo della 57ª Biennale di Venezia i numeri che ricopio meticolosamente:

Oltre 615.000 visitatori (+23% rispetto al 2015), a cui si aggiungono i 23.531 della vernice; 120 artisti invitati alla Mostra; 86 partecipazioni nazionali; 30 partecipazioni nazionali nei padiglioni storici ai Giardini; 23 partecipazioni nazionali all'Arsenale; 33 partecipazioni nazionali nel centro storico di Venezia; 3 nazioni presenti per la prima volta; 3 nazioni che partecipano dopo una lunga assenza; 1 Progetto Speciale; 23 Eventi collaterali; 68 *Tavole Aperte*, di cui 49 con gli artisti di *Viva Arte Viva* e 19 con gli artisti delle *Partecipazioni Nazionali*, per un totale di 87 artisti (63 dalla Mostra e 24 dai Paesi) e 2100 partecipanti; 64.347 (3738 gruppi) partecipanti alle attività *educational* e ai servizi di visite guidate (+15% rispetto al 2015); 68 università convenzionate, 3663 studenti universitari provenienti da tutto il mondo hanno inserito la visita alla Biennale Arte 2017 all'interno del loro percorso formativo; 5000 giornalisti accreditati in vernice, ripartiti tra 3400 giornalisti internazionali e 1600 giornalisti italiani cui si aggiungono giornalisti via via accreditatisi durante i mesi di Mostra; oltre 3500 articoli compongono la rassegna stampa italiana e straniera a oggi.

I numeri della Biennale disegnano i numeri come destino della Biennale, ineluttabile, embrionalmente contenuto già nella critica all'industria culturale che a partire da Horkheimer e Adorno si proiettava nelle ancor lucide analisi di Edgar Morin e di Jean Baudrillard.

Lì ha origine il "capitalismo artistico" (Lipovetsky-Serroy), dove domina la logica dei numeri ovvero quella produttivistica dell'iperspettacolo che oggi sembra sovraintendere la gestione della "cultura" in genere e in particolare della cultura artistica: unico riscontro "qualitativo" la ricaduta tangibile del gradimento.

In tale scenario *Artist at Work Again 2011-2017*, di Mladen Stilinović, assume il senso di uno "spazio di resistenza", profetico – la prima versione, *Artist at Work*, è del 1974 – e improrogabile nella sua radicale attualità.

L'astensione in quanto rovesciamento inoperoso può essere affermazione della ragione etica sulla ragione produttiva, assumendo un valore rifondativo. Tornano alla mente le parole di Vila Matas, "A me Walser ricorda Piquemal, un curioso sprinter, un ciclista degli anni sessanta che era ciclotimico e a volte si dimenticava di finire la gara". Parole ispirate dall'inazione di Bartleby: "I would prefer not to", o dalla prospettiva duchampiana di "darsi alla macchia".

Resta forse qualcos'altro da fare, oggi e a maggior ragione oggi, che il non fare, o il *fare in meno* per riscoprire il più che sta nella capacità di ascoltare il nostro respiro?

In "STRABISMI" n. 6, *About 57ª Biennale di Venezia,* febbraio 2018

L'arte, il troppo e il *fare in meno*

Pensieri intorno a uno spazio di resistenza possibile

Questa riflessione prende spunto dal mio testo *I numeri rovesciati di Piquemal e il fare in meno*, comparso sul n. 6 di "STRABISMI"[1] interamente dedicato alla Biennale di Venezia; si parlava dei numeri della Biennale come destino ineluttabile della Biennale.

Di questi tempi l'argomento, nei suoi tratti generali, sembra ricorrere in diverse pubblicazioni dedicate al sistema dell'arte contemporanea. In forme e con terminologie spesso diverse esse disegnano un panorama di critica del sistema che evidenzia alcune costanti, prima tra tutte il riconoscimento di una "deriva" entro cui si consuma una morte dell'arte non hegelianamente intesa quanto piuttosto quale portato del suo consumo, in quanto sparizione nell'espansione, o anche come morte impressa in filigrana nell'immagine ipervitalistica che oggi le appartiene.

Si tratta di una "sparizione" diversa da quella che intendeva Paul Virilio[2] quando si riferiva esclusivamente alla perdita di materia imposta soprattutto dalla natura immateriale dei media. Oppure si tratta di un'altra faccia di quella "sparizione", dove la smaterializzazione trova la sua ragione nel cambio di statuto subito dall'opera quale effetto di quei fenomeni che riguardano l'economia nel suo insieme, sempre più smaterializzata in un processo

1) "STRABISMI" n. 6, foglio aperiodico di Zentrum a cura di Ermanno Cristini e Luca Scarabelli.
2) Paul Virilio, *L'arte dell'accecamento*, Milano, 2007, che sviluppa alcune tesi anticipate in *Estetica della sparizione* (1992), Napoli, 2016.

esasperato di finanziarizzazione. L'opera non solo diventa un prodotto industriale – quindi inserita in meccanismi di produzione diretta del profitto – ma come tendenzialmente si conviene
alla produzione industriale essa cessa di avere un corrispondente
reale e si identifica esclusivamente con il valore finanziario con-
quistato. Damien Hirst e Jeff Koons, tanto per citare i casi più
noti, lo sanno bene e il loro lavoro è esemplare da questo punto
di vista. Per partecipare a pieno titolo a un sistema che la vuole
come componente attivo della propria economia, l'arte ne assume
le modalità strutturali ridefinendo il proprio "corpo" secondo i
dettami di un'industria culturale matura, propria di un sistema
"postindustriale" quale è quello contemporaneo.

Ma andiamo con ordine. Mario Perniola[3] parla di "artistizzazione" come di una condizione in cui "I confini del paradigma
dell'«arte» si sono a tal punto allargati da comprendere poten-
zialmente qualsiasi cosa, vale a dire nulla". In tale accezione la
nozione di "arte" si stempera e si ridefinisce in relazione a un
sistema complesso di cui è parte attiva il suo contesto. Il contesto
oggi si caratterizza per una "turistizzazione" della fruizione che si
fa sempre più superficiale in quanto dominata essenzialmente da
due fattori: la velocità e la quantità. I tour operator vendono pro-
grammi di visite alle città che includono le visite ai musei seguendo l'imperativo del più in minor tempo. L'"artistizzazione" dunque con la perdita di specifico comporta la perdita di significanza.

La fibrillazione dei confini del paradigma "arte" contenuto nel
concetto di "artistizzazione" si avvicina per alcuni aspetti al do-
minio della "creatività generica" di cui parla Gabriele Guercio[4],
riferendosi al senso che il termine "generic" aveva in Clement
Greenberg. La perdita di specifico si moltiplica e va di pari passo

3) Mario Perniola, *L'arte espansa*, Torino, 2015.
4) Gabriele Guercio, *Il demone di Picasso*, Macerata, 2017.

con "(…) una spinta a produrre, vendere e consumare «creativamente». (…) L'ideologia del marketing e il credo nel generico vanno in tandem" (Guercio, cit.).

Due gli effetti principali: anzitutto un dilatarsi dell'offerta e della sua appetibilità presso un pubblico sempre più allargato che vede nel consumo di "creatività", genericamente inteso, un'occasione di promozione sociale e di impiego del tempo libero; in secondo luogo l'affinarsi di strategie culturali mutuate dal marketing affidate a nuove figure professionali adeguate a vendere "sapore" di creatività.

Il primo effetto è quello che Tommaso Montanari e Vincenzo Trione[5] definiscono "mostrismo", richiamandosi a quella "nefasta epidemia" che già indicava Cesare Brandi[6] alla fine degli anni '60: ovvero un declino della densità dell'arte entro una logica blockbuster che coinvolge l'intero sistema dalle componenti più direttamente mercantili, come sono le gallerie, a quelle più istituzionali come i musei e le Biennali. Organismi impegnati ad aumentare vertiginosamente di numero e di dimensioni, spesso ibridandosi nella ricerca della spettacolarità. È implicita la tendenziale trasformazione dei "(…) visitatori di una mostra in consumatori o, peggio, in clienti" (Montanari, Trione, cit.).

Il secondo effetto è quello che David Balzer[7] indica con la nozione di "curazionismo", ovvero l'affermarsi diffuso della curatela nell'offerta culturale, e non solo, in quanto sigillo di qualità presunta. "A cura di…" si applica indifferentemente alla cucina e al fashion, ai viaggi e all'arte. "Il curatore assume un ruolo cardine, indispensabile, come agente, ambasciatore, organizzatore, media-

---

5) Tommaso Montanari, Vincenzo Trione, *Contro le mostre*, Torino, 2017.

6) "(un') infestante proliferazione di mostre-evento di scarso o nullo valore culturale, votate a un'effimera spettacolarizzazione fine a sé stessa". Cesare Brandi, *Le mostre, ahimè (1968)*, in *Il patrimonio insidiato. Scritti sulla tutela del paesaggio e dell'arte*, Roma, 2001.

7) David Balzer, *Curazionismo*, 2015, Monza, 2016.

tore e provocatore" (Balzer, cit.). Le pratiche curatoriali sono la forma di produzione/organizzazione/confezionamento dell'offerta con un'ispirazione cultural-manageriale. In ambito artistico, le mostre diventano display e il curatore in quanto nuovo giudice di valore si sostituisce al critico e assume un protagonismo che però nulla ha a che vedere con il protagonismo del curatore-artista teorizzato e praticato da Szeemann o da Bonito Oliva[8], per esempio. Il curazionismo implica la perdita della valenza "etica" della curatela nell'accezione che essa poteva avere entro il concetto heideggeriano di "cura autentica" e, più che diventare "cura inautentica", si annulla in un "ismo" il cui senso si esaurisce nel vocabolario del management.

Dinnanzi all'avvento del curatore in questi termini, ovvero più precisamente del *curator*, come non pensare a l'eclisse dell'intellettuale di zolliana[9] memoria? Senza voler cadere in visioni apocalittiche, tuttavia è un dato di fatto che la professionalizzazione del ruolo intellettuale è tendenzialmente preclusiva dell'esercizio di quella trascendenza capace di sfuggire alla specializzazione per sfuggire alla frantumazione imposta dalla divisione del lavoro, in modo da costituirne presenza critica.

I fenomeni indicati come "artistizzazione", "mostrismo", "curazionismo" trovano conferma in una delle analisi forse più organiche comparse di recente sull'argomento, quella dedicata alla "società transestetica" di Gilles Lipovetsky e Jean Serroy[10].

I due autori collocano la questione dell'arte entro un universo complesso segnato da un capitalismo iperconsumistico fondato su un "modo di produzione estetico" diffuso ed esteso all'intera

---

8) Si vedano per esempio Ambra Stazzone, *Harald Szeemann. L'arte di creare mostre*, Bologna, 2014; Antonello Tolve, *ABOrigine*, Milano, 2012.

9) Elémire Zolla, "Eclissi dell'intellettuale" (1959), in *Il serpente di bronzo*, Venezia, 2015.

10) Gilles Lipovetsky, Jean Serroy, *L'estetizzazione del mondo. Vivere nell'epoca del capitalismo artistico*, Palermo, 2017.

sfera dei prodotti e dei servizi. Ne consegue che un viaggio presso un tour operator è trattato alla stessa maniera di un prodotto artistico o del servizio di un centro benessere; tutti realizzano un "mercato globale dell'esperienza".

"(...) siamo in un'epoca in cui i sistemi di produzione, di distribuzione e di consumo sono impregnati, penetrati, rimodellati da operazioni di natura fondamentalmente estetica" (Lipovetsky-Serroy, cit.). Con il termine "estetica" gli autori intendono operazioni che toccano la sensibilità. In altre parole l'economia si evolve in quello che tradizionalmente è il suo opposto e si rigenera nell'assunzione di tale elemento polare svilito a simulacro di se stesso.

"L'attività estetica del capitalismo, che era minore o periferica, ne è ormai diventata parte strutturale e fattore esponenziale (...) Non un'apogeo della bellezza nel mondo della vita, dunque, ma una riorganizzazione di quest'ultimo sotto il segno dell'artistizzazione commerciale e della fabbricazione industriale di emozioni sensibili" (Lipovetsky-Serroy, cit.).

L'iperbole "fa mondo" declinandosi in processi di brandizzazione, ibridazione, finanziarizzazione, globalizzazione, fino a disegnare una "cultura" dell'iperspettacolo e dell'entertainment senza frontiere.

Gli argomenti delle analisi a cui abbiamo fatto riferimento si ritrovano parzialmente già nella storia della critica alla società di massa e in prima istanza, ovviamente, in Adorno e Horkheimer[11]. È il concetto stesso di "industria culturale", o, potremmo dire, di spostamento dell'asse dalla sovrastruttura alla struttura, a rendere naturalmente conseguente l'assimilazione della cultura ai modi e ai fini della produzione capitalistica. Sfrondata del manicheismo tipico del periodo, la visione francofortese coglieva già chiaramente quello di cui oggi, mutatis mutandis,

---

11) Mark Horkheimer, Teodor W. Adorno, *Dialettica dell'illuminismo* (1944), Torino, 1966.

stiamo parlando. In particolare l'*amusement* come imperativo etico della cultura di massa e suo valore primo è il medesimo concetto che più tardi svilupperà Edgar Morin[12] con la nozione di *cultura del loisir* e se si vuole è quello che oggi chiamiamo *entertainment*. Cambiano le dimensioni del fenomeno e naturalmente gli strumenti, ma esso ci appare come l'evoluzione di un processo, non privo di contraddizioni eppure relativamente organico, i cui prodromi erano leggibili nell'industria culturale "classica". Da questo punto di vista possiamo dire che il passaggio dal moderno al postmoderno al virtuale è segnato dalla conferma dei fondamentali d'origine. E tra questi fondamentali vi è anche quello che Morin indica con *sincretismo*, una unificazione o omogeneizzazione delle differenze – sotto le mentite spoglie della loro valorizzazione – attraversata da una confusione tra realtà e finzione. Quella confusione è indispensabile per dar corpo all'"'irrealismo della società reale", per usare le parole di Guy Debord[13]: "Nel mondo realmente rovesciato, il vero è un momento del falso (...) Tutto ciò che era realmente vissuto si è allontanato in una rappresentazione (...) Lo spettacolo in generale, come inversione concreta della vita, è il movimento autonomo del non-vivente" (Debord, cit.).

La nozione di "non-vivente" esclude che l'allargamento dell'area culturale corrisponda a una diffusione reale della cultura. È indubbio che la massificazione segni un allargamento dell'area culturale, e in qualche modo una forma di "democratizzazione", ma è altrettanto indubbio, e sono molte le riflessioni che si sono succedute su tale questione, che la diffusione di informazione

---

12) Edgar Morin, *L'industria culturale* (1962), Bologna, 1963.
Ma negli anni 60 sono numerose le analisi dell'industria culturale; tra queste non si può non menzionare per esempio l'approccio sociologico di Abraham Moles, *Sociodinamica della cultura* (1967), Bologna, 1971, e naturalmente l'ampio lavoro di Jean Baudrillard da *La società dei consumi* (1974), Bologna, 1976; a *Per un'economia politica del segno* (1972), Milano, 1974.
13) Guy Debord, *La società dello spettacolo* (1967), Bari, 1968.

non comporta necessariamente la crescita estesa di cultura. Anzi, l'iperbole del contemporaneo, sancendo la turistizzazione della *fruizione*, sembra confermare quel principio della teoria dell'informazione – già ricordato dall'Umberto Eco di *Apocalittici e integrati*[14] – secondo cui il sovraccarico di informazione produce un sovraccarico di ignoranza.

Il fenomeno riguarda l'"ontologia" dei media ma è particolarmente tangibile oggi dove la cultura della rete, e dei social in particolare, esprime nella logica del like un analfabetismo di ritorno a tutti gli effetti. "Non più «penso dunque sono», ma sono quel che mi piace, quel che mi piace qui ed ora. (…) Non è necessario dire perché «mi piace»: quel che conta è dire se mi piace o no." (Lipovetsky-Serroy, cit.).

Ovvero, il diventare direttamente economico dell'attività culturale e direttamente culturale dell'economia, più che produrre cultura diffondono intrattenimento. Anzi a tal proposito risulta particolarmente illuminante il concetto di *edutainment*, avanzato sempre da Lipovetsky-Serroy, per riferirsi a una condizione in cui l'educazione è in realtà alibi dell'intrattenimento[15].

In tale quadro si muove il sistema dell'arte e il rilievo che esso sta via via assumendo, sia come volume economico che come appeal anche presso il grande pubblico fa capo comunque a una condizione in cui " Si scivola sulle opere d'arte come si scivola con i pattini nei corridoi e come si naviga a gran velocità sul web" (Lipovetsky-Serroy, cit.). Allo "scivolare" non sfugge neppure la trasgressione che, come già osservava Windt, ha perso il suo "pungiglione", arrotondato dall'integrazione del "sensazionale" nello spettacolo. Quella condizione che anche Žižek[16] addita

---

14) Umberto Eco, *Apocalittici e integrati*, Milano, 1977.

15) Si pensi per esempio al "didattichese" ormai eletto a lingua ufficiale dei musei, sempre più impegnati a confezionare display dal sapore educativo per adulti e bambini.

16) Slavoj Žižek, *Il trash sublime* (2000), Milano-Udine, 2013.

quale possibile "verità nascosta" del contemporaneo: il trash che tende a riempire "il Luogo Sacro della Cosa".

Dunque in realtà la "società estetica" è una società non estetica, in quanto estetizzante, di qui il "non vivente".

Se per estetica si intende un'attività formativa, quel "mettere in forma"[17] capace di dare forma a una *Weltanschauung*, a un *ethos*, allora la "società transestetica" è una società non estetica perché è implicita nel suo presupposto la rinuncia a una narrazione intesa come disegno di un percorso di senso.

Quasi paradossalmente, l'unica risposta possibile alla deriva dell'estetizzante è l'affermazione dell'estetica, nella sua natura di "significante eccedente", ovvero di quella conoscenza che riguarda il sapere che non si sa e che per essere conoscenza presuppone appunto la capacità di tracciare percorsi di senso.

Un'attività "silenziosa" e "lenta" , se si vuole; l'antitesi dello "scivolare sui pattini" e la cui voce può manifestarsi solo nell'afonia di una marginalità aspettacolare.

Christian Caliandro[18] recentemente parlava della necessità di "opere e artisti umili che si sottraggono"; per certi aspetti è il "darsi alla macchia" duchampiano che tra l'altro ha il suo presupposto nel "dilettantismo" in opposizione alla specializzazione. Potremmo dire: una sottrazione dell'intellettuale alla sua eclisse attraverso l'eclisse.

Ma ciò non a intendere una sparizione tout court, che in qualche modo corrisponderebbe a una fuga o a una abdicazione al ruolo.

La sparizione duchampiana è un esserci in assenza e tale sfida oggi sembra assumere un significato particolare quando l'iperbole della presenza trasforma le cose in pura apparenza delle cose. L'i-

---

17) Ancora continua a costituire un imprescindibile riferimento per quanto riguarda la nozione di forma come processo la lucida visione di Luigi Pareyson, *Estetica. Teoria della formatività* (1954), Bologna, 1960.
18) Christian Caliandro, *Essere presenti scomparendo*, in Artribune, 2018.

nazione si esercita come spazio di resistenza solo se si staglia sullo sfondo dell'azione, in un "mostrarsi", cioè, intermittente. Forse potrebbe essere una forma di discrezione nell'accezione che il termine ha in Pierre Zaoui[19]: "Gli eroi moderni incarnano ora i fantasmi di onnipotenza di chi sogna solo di apparire (…). Da qui la scommessa politica e attuale della discrezione (…) a renderla viva (la discrezione, *n.d.r.*) è proprio il contesto e il gioco dei luoghi in cui si manifesta. (…) Non potremmo dunque essere costantemente discreti, dal momento che la discrezione stessa presuppone una dialettica più sottile dell'apparizione e della scomparsa, della mostrazione e del riserbo."

Poiché lo specifico stesso dell'attività creativa è una dialettica tra potenza e privazione, la discrezione è in assoluto una condizione del fare artistico, ma essa risulta assumere un'urgenza particolare oggi in quanto sfuggire all'aggiungere nutrendosi del togliere pare essere l'unico spazio possibile a cui attribuire il valore di una sorgente di senso.

In "walktable-art.jimdo.com", ottobre 2018

19) Pierre Zaoui, *L'arte di scomparire. Vivere con discrezione* (2013), Milano, 2015.

Braked ping pong

Qualche volta "ciò che è gettato fuori dall'uso", come direbbe Roland Barthes, descrive l'essenza delle cose, e deve essere stato proprio così quando ho ricevuto via whatsapp le immagini di mucchietti di coriandoli di tappezzeria, o cerchietti, o pallini, inviatemi da Valentina Maggi Summo e che poi sarebbero diventati *The point of*.

Il "pieno" di buchi fatti con una normale foratrice da ufficio su un rotolo di carta da parati. Uno scarto, eppure una materia fragile e delicata con gli arabeschi di una trama che si può vedere solo da vicino, da molto vicino. Il prodotto prezioso di un gesto inoperoso, ripetitivo e tutto sommato negligente, raccolto con cura per invitare a guardare con cura. Un gesto che assume la valenza del punto, o meglio del "punctum", punto focale dove inizio e mezzo e fine si concentrano a marcare un'azione che trova nella decostruzione una dimensione costruttiva.

Le immagini mi sono arrivate mentre stavo rivedendo, in preparazione di un'altra mostra, *Demasiado polvo*, un video che costituisce uno dei primi lavori di Valentina. Tra *The point of.* e la "polvere" vi è più o meno un decennio, ma la coincidenza fortuita di due lavori, il primo e l'ultimo, che si incontrano senza una ragione apparente – se non l'eco del tema della casa – mi ha dato l'idea di questa mostra: una mostra con solo un "prima" e un "dopo" senza un "mezzo". Un gioco di rimandi tra due polarità: un ping pong, frenato dal lasso di tempo lungo. E poiché la programmazione di *riss(e)* dell'anno in corso avviene sempre tra artisti in dialogo, il ping pong è implicito anche nel format e in questo caso è tra Valentina Maggi Summo e Sophie Usunier, che ho invitato con una delle prime opere fatte in Italia, *Letargo*, del 2000, ed una delle ultimissime, *Migrations (over Belgium)*, ancora in progress, esattamente come *The point of.* di Valentina.

Demasiado polvo ha a che fare con la solitudine dei ruoli femminili, consumati entro una gestualità del quotidiano vista in dimensione quasi fiabesca. *Letargo* di Sophie Usunier è un abito da sposa colto nel suo congelamento temporale nella naftalina; un lavoro in cui i sensi si rincorrono tra ciò che è visto e ciò che è percepito con l'olfatto. Letteralmente il letargo è un sonno profondo, e così è l'abito di nozze che in quanto tale nasce per vivere in un momento di stasi perenne, il giorno dopo per sempre.

The point of., invece, contiene il tempo lento dell'attesa come lo contiene l'applicazione meticolosa e stupita di Sophie a registrare con piccoli punti l'andamento dei flussi migratori degli uccelli mentre disegnano nuove geografie in violazione della geografia. In *Migrations (over Belgium)* l'esito sono carte geografiche costellate di migliaia di puntini di inchiostro nero impegnate a comporre e a dissolvere forme, per disporsi intorno a un interrogativo che investe un parallelismo tra le migrazioni in volo e le infinite migrazioni sulla terra.

Per il "mezzo" ho chiesto invece a due testimoni di scrivere un brevissimo testo, a Francesca Guerisoli per Valentina Maggi Summo e a Luca Pancrazzi per Sophie Usunier. Non una descrizione di quello che non c'è ma proprio una testimonianza, che in quanto tale sta "in vece" del corpo di opere assenti ed è parte integrante della mostra.

Braked ping pong. Valentina Maggi Summo / Sophie Usunier, riss(e)-zentrum, Varese, maggio 2018

Walkabout

1) Da Roaming a Walkabout

Se il focus di *Roaming*[1] è stato il rapporto tra l'opera d'arte e le modalità della sua circolazione sotto forma di immagine, il punto di arrivo è rappresentato da tre domande:

a) Si può pensare che la vertigine di un'oscillazione continua tra opera e sua riproduzione costituisca l'elemento caratterizzante di una nozione "ricca" di immagine in cui il dato fotografico e quello materiale coesistano come elementi di un dispositivo "superiore", con il quale forse si identifica una nuova nozione di opera d'arte?

b) Come si pone allora la questione della formatività nel momento in cui questa attività si misura con una trasforma-

1) *Roaming, 2008-2014. Roaming*, un progetto di Ermanno Cristini curato da Alessandro Castiglioni si è focalizzato su alcuni aspetti relativi al ruolo del curatore, alla trasformazione dello statuto dell'opera e della nozione di "messa in mostra" nel contemporaneo. *Roaming* è una serie di "mostre" che durano solo il tempo dell'inaugurazione e poi si stabilizzano sul web, attraverso le immagini dei fotografi. Gli artisti cambiano di volta in volta secondo un meccanismo che mette "in scacco" la figura del curatore.
In sintesi *Roaming* si interroga sul rapporto tra produzione di un'opera, la conseguente circolazione e la questione della diffusione della propria immagine. Avviato nel 2008 e concluso nel 2014 *Roaming* ha coinvolto oltre 100 artisti di diverse nazionalità, ha realizzato 22 mostre in altrettante città europee di cui oltre la metà museografiche. La mostra conclusiva è stata realizzata a Maggia (Svizzera) nella Fabbrica Rosa, l'ex Archivio di Harald Szeemann.
Alessandro Castiglioni e Ermanno Cristini (a cura di), *ROAMING. Sull'intermittenza dell'opera d'arte*, Postmedia Books, 2013.

zione della materia che non è più "unica e insostituibile" (Pareyson[2])?

c) Per diventare corpo dell'opera l'immagine fotografica deve rinunciare alla valenza documentaria per assumere quella di *testimonianza*?

2) Walkabout. Testimoniare

È proprio dalla nozione di *testimonianza* che prende avvio il progetto *Walkabout*. Poiché il focus di *Roaming* è la vita dell'opera fatta immagine, attraverso il suo inevitabile rotolare tra i media e i formati, tale "rotolamento" è un processo di continua codifica e transcodifica o meglio di *traduzione*.

Se si vuole che il "frammento" si riempia di senso e si emancipi da un galleggiamento acritico sulla pelle dei linguaggi occorre che il viaggio dell'opera come condizione del suo farsi si dia esplicitamente come processo di traduzione.

La traduzione, implicando il passaggio da un linguaggio all'altro, si misura per definizione, sempre, con l'intraducibile. Ovvero si esercita come passaggio di una frontiera intendendo un luogo dove si "fanno fronte" due diversità. La frontiera, a differenza del confine, presuppone una dimensione fluttuante in cui l'identità si nutre dell'alterità. Il malinteso, che è quel balbettio del linguaggio in cui prende forma l'alterità, è il cuore della frontiera e costituisce un intraducibile, un fallimento della traduzione, che è "(...) un capire con in più il tempo (...) il tempo dell'attraversamento della frontiera dell'alterità"(La Cecla)[3]. Per questo ogni traduzione è un interpretazione (secondo quella linea che da Benjamin va a Gadamer ecc.)[4] nel momento in cui fallisce come

2) Luigi Pareyson, *Estetica. Teoria della formatività*, Torino, 1954.

3) Franco La Cecla, *Il Malinteso. Antropologia dell'incontro*. Bari, 2009.

4) "Ogni traduzione è solo un modo pur sempre provvisorio di fare i conti con l'estraneità delle lingue". Walter Benjamin, *Angelus Novus* (1955), Torino, 2006.
"Ogni traduzione è un'interpretazione, anzi si può dire che essa è il compimento

transcodifica. La traduzione che ha consapevolezza del proprio fallimento diventa testimonianza, laddove sa di misurarsi deliberatamente con l'indicibile.

"Anche se il mondo precipita nel nulla, vi è un testimone che parla di questo scivolamento, o di questa rovina nel buio" (Rella)[5].

3) Walkabout. Randonnée

La transcodifica e l'universo dei frammenti di diversi linguaggi, coesistenti in stato di crash e in rapida, incessante sostituzione, rendono la traduzione un passaggio di frontiere in forma di *randonnée* (Serres)[6].

Erranza che insegue il rapido mutare di un paesaggio che ha nel suo essere percorso la speranza di un riscatto sul piano del senso.

Dal punto di vista dell'opera, che si trova nel vivo di questo errare, il *randonnée* coincide con la "composizione per tragitto" di cui parla Bourriaud: "(…) la forma–tragitto mette in crisi la linearità iniettando il tempo nello spazio e lo spazio nel tempo"[7].

Un camminare che assurge a "modo di formare" è sempre ricerca di senso. Attraversamento del *Bush*, per ritrovare, con la capacità rabdomante del canto, i propri antenati e il proprio essere.

"Un canto fa venir fuori il paese, capo" (Chatwin)[8].

4) Walkabout. Questioni implicate

Il ruolo intellettuale. Mappa e antenna, il canto nel *Walkabout,* esprime una volontà di orientamento. È una risposta, entro la catastrofe dei linguaggi, che guarda al frammento "tirando dei

dell'interpretazione che il traduttore ha dato della parola che si è trovato di fronte" Hans-Georg Gadamer, *Verità e metodo* (1960), Milano, 2000.

5) Franco Rella, Dall'esilio. *La creazione artistica come testimonianza*, Milano, 2004.

6) Cfr. Michel Serres, "Metodo e randonnée", da *Les cinq sens*, Paris, 1985, e Mario Porro, "Sentieri lenti", *Doppiozero*, 29-09-2017.

7) Nicolas Bourriaud, *Il radicante* (2009), Milano, 2014.

8) Bruce Chatwin, *Le vie dei canti*, Milano, 1988.

fili", i fili del significato. In questa accezione è attività critica a tutti gli effetti.

Nel canto del testimone si esercita il ruolo dell'"intellettuale impossibile"; ovvero il riscatto della funzione intellettuale dalla dimensione mediatica dell'"esperto" per abbracciare quella della "disobbedienza". L'unica dimensione, questa, in cui il lavoro intellettuale, assumendo spessore critico, può assolvere a un ruolo utopico e progettante.

L'autorialità. La ridefinizione dell'autorialità è conseguente. Se essa si è disegnata, attraverso la spettacolarizzazione mediatica, intorno al protagonismo del "personaggio" (in arte il curatore più che l'artista) l'esercizio della funzione critica pone al centro i temi della negoziazione e del dialogo, che sono poi quelli della frontiera.

Lungo la frontiera l'autorialità è la funzione della relazione di incontro-scontro che contraddistingue il rapporto identità-alterità. L'autorialità ridefinita nella negoziazione e nel dialogo è il corpo del fallimento che si esprime nella testimonianza.

I linguaggi. Quale erranza di frontiera, attraverso i territori disegnati dalla frizione dei linguaggi, il pensiero critico non può più accontentarsi della parola come forma privilegiata. Esso aspira a una pratica di libero movimento tra i linguaggi verbali e non verbali, nella convinzione che essi interagiscono tra loro e tra loro e la realtà in quanto riflesso e fattore di modifica possibile. In questo senso una pratica artistica può diventare esercizio di pensiero critico, nel quale la parola è ancora presente ma con un nuovo assetto.

In "walkabout-art.jimdo.com", 2017

Salon Style

Da qualche tempo sono affascinato dalla mancanza di varietà evidente che è contenuta nelle azioni ripetitive e in particolare nella monotonia del ricalco. Il ricalco richiede un'applicazione rallentata, quello che si definirebbe una "cura", perché dentro questa stasi si acuisce l'attenzione per i pochissimi elementi di diversità contenuti nella reiterazione dell'uguale. Il ricalco, se si vuole, è il luogo di una "ripetizione differente", dove l'interesse della varietà è inversamente proporzionale alla sua evidenza e cresce alimentandosi della marginalità del gesto e dei suoi risultati.

Tali variazioni "bisbigliate" ci parlano del tempo di mezzo tra il soggetto e il suo doppio e il doppio del suo doppio. Il tema mi ricorda il mio "primo amore" quando ragazzino osservavo rapito i *Combine* di Rauschenberg a Villa Panza a Varese. *Factum 1* e *Factum 2* non sono dei ricalchi e tuttavia sono una riflessione sulla diversità dell'uguale o sulla ripetizione differente, che trova anche il conforto di un "cattivo pensiero" di Paul Valéry: "Tutte le cose differenti sono identiche. Tutte le cose identiche sono differenti".

Sono queste suggestioni ad attraversare una serie di disegni iniziati senza un perché e tutti realizzati a partire dall'immagine fotografica di un mio lavoro del 2014 dedicato a ciò che non si vede: *Prière de Toucher with/out handle*. Ogni disegno costituisce un ricalco della stessa immagine. Un vecchio campionario di carte, per caso, mi ha fornito i supporti introducendo l'eco di uno spirito classificatorio, quasi burocratico, che ben si sposa con la monotonia del sempre uguale. Allineati i disegni sulla parete, le differenze sbiadiscono al punto che se si avvicinano l'un l'altro è quasi necessario affidare alla cornice il compito di marcare la diversità, come nei *Salon* ottocenteschi.

È nata così l'idea di questa mostra. Ho chiesto ad alcuni miei amici, artisti e non, di regalarmi una cornice, una loro cornice, in modo che contenesse un pezzo piccolo o grande della storia di ognuno. Le cornici sono tutte di dimensioni diverse a prescindere dal disegno che si trovano a ospitare tanto che, in qualche caso, di esso si vede solo un frammento o addirittura quasi nulla. Francesca Petrolo mi ha regalato la prima cornice e Francesca anni addietro aveva adibito un muro della sua casa milanese alla realizzazione di mostre in forma di quadreria, dedicate ogni volta a un artista. Mi è sembrato lo sbocco ideale per un'avventura che raccogliendo un incrocio di storie private non può che presentarsi in prima battuta nella dimensione privata di uno spazio domestico.

Alla fine il mio muro dando corpo a un tessuto di relazioni forse si scopre metafora o messa in forma del mio modo di lavorare fatto di dialogo e di intreccio negoziale.

Come sempre accade non lo sapevo all'inizio e tutto ciò mi appare ora, probabilmente in omaggio al caso nei termini in cui lo intende Tabucchi: "Niente succede per caso, e il caso è proprio questo: la nostra impossibilità di cogliere i veri nessi delle cose che sono".

Questo lavoro in realtà si deve a: *Alessia Armeni, Giovanni Bai, Lorenzo Baldi e Liliana Carugati, Simona Barbera, Susanna Janina Baumgartner, Cesare Biratoni, Valeria Borrelli, Carlo Buzzi, Giovanna Caliari, Francesco Carone, Gianluca Codeghini, Carlo Dell'Acqua, Carla Della Beffa, Elena El Asmar, Ronny Faber Dahl, Al Fadhil, Helga Franza, Bianca Frasso, Patrizia Giambi, Elio Grazioli, Silvia Hell, Debora Hirsch, Joykix, Giulio Lacchini, Corrado Levi, Valentina Maggi Summo, Massimo Marchetti, Claude*

Marzotto, Mia Madre, Concetta Modica, Rossella Moratto, Micro-collection, Yari Miele, Giancarlo Norese, Luca Pancrazzi, Chiara Pergola, Francesca Petrolo, Vera Portatadino, Roberto Pugina, Maia Sambonet, Luca Scarabelli, Una Szeemann, Miki Tallone, Enzo Umbaca, Sophie Usunier, Orio Vergani.

Ermanno Cristini: Salon Style, casa di Francesca Petrolo, Milano, giugno 2017

Il paradosso del rospo

Il potere del rospo deriva in gran parte dalla sua capacità di mimetizzarsi, che lo fa nascondere facilmente tra i sassi. Come tutte le cose che non si offrono a una presa immediata dello sguardo esso evoca sapori di segreti e di magie; sposta l'asse del senso moltiplicando gli irradiamenti in una prospettiva immaginifica.

Tanto nella tradizione orientale che in quella occidentale il valore simbolico del rospo è direttamente proporzionale al suo valore mimetico. Ovvero: meno si vede, più c'è e c'è addirittura caricandosi di attributi propiziatori, taumaturgici o sciamanici.

Shaman-Showman, così titolava Boetti uno dei suoi primi lavori del '68, in cui iniziava a comparire la mimesi dell'identità proiettata nel suo doppio. Forse Boetti intuiva che l'artista non può sfuggire a un destino di alchimie e di sciamanesimo. Perché è portatore di un sentire dilatato. Non solo in quanto sente "di più" ma soprattutto in quanto sente "non qui". Attraversando il senso comune lo scuote, guidato solo dall'attitudine del rabdomante.

E non c'è "magia" che non presupponga una dimensione segreta, nascosta. Il mistero ha bisogno di discrezione. Forse è per questo che alcune tappe fondamentali della storia dell'arte, soprattutto di quella contemporanea, sono segnate da opere che percorrono il "paradosso del rospo". A cominciare da quell'orinatoio – opera magistralmente mimetizzata tra gli oggetti fuori dagli oggetti – che nel 1917 "c'era", mascherato dietro una parete divisoria; poi "invisibile" in forma di riproduzione fotografica su

The Blind Man tre anni dopo, e di nuovo "invisibile" presente in forma di replica cinquant'anni dopo da Sidney Janis sempre a New York. *The Blind Man*: bisogna chiudere gli occhi per vedere, perché quello che si vede non è quello che c'è da vedere.

Disperso tra i sassi di fiume della galleria di Franco Toselli, nel 1968, aleggiava la stessa inquieta consapevolezza nel sottrarsi mimetico di *Autoritratto in negativo*. Certamente Alighiero e Boetti pensavano, con Borges, "Ma non è buia la cantina?" (…) Se tutti i luoghi della terra si trovano nell'Aleph, vi si troveranno tutti i lumi, tutte le lampade, tutte le sorgenti di luce".
È giusto che non ci siano immagini fotografiche di quella mostra.

In "STRABISMI" n. 5, *About Alighiero Boetti, Autoritratto in negativo*, settembre 2017

Cantiere in lento movimento

Ermanno Cristini: Un "cantiere in lento movimento" impone a noi di rallentare ma rallentato appare anche il suo tempo interno al cospetto della fugacità veloce di chi è in transito. Per questo il termine implica tre concetti: quello di *costruzione*, quello di *ritardo*, quello di *trasformazione*. Il ritardo è condizione indispensabile perché la costruzione possa darsi, e la costruzione dà corpo a una processualità che trova nel ritardo l'ambito attitudinale nel quale realizzarsi.

Accade lo stesso in questa mostra, suggerita da uno spazio, quello di *riss(e)*, segnato idealmente dalla precarietà mobile di un cantiere, il quale, in quanto tale, si dispone per vocazione ad accogliere "lavori in corso". Una serie di "semilavorati", di lavori ancora in via di realizzazione, si alternano e si incrociano in allestimenti provvisori, dando luogo a un dialogo tra i lavori e tra i lavori e lo spazio in quella porzione di tempo che sta al di qua della loro realizzazione. Una mostra breve, della durata di qualche ora, per ritrovare in un frammento di tempo lo spessore denso dell'intero.

Poi, quando il manufatto è concluso il cantiere scompare.

Susanna Janina Baumgartner: "Cantiere in lento movimento" mi piace. Mi viene in mente Alain Badiou, *Secondo manifesto per la filosofia*. Da quel libro ho colto il tempo nello spazio creato dall'incontro. Ho lavorato in un laboratorio artistico a Pavia, in un SPDC, vi erano solo casi gravi e niente sembrava mai concluso o con possibilità di senso, ma in realtà ho compreso bene che la traccia è nell'incontro, non nel prodotto finito. In quell'attimo che può restare nella memoria come incontro.

Attimi veri che realizzano un sogno, che diventano ricordo e non illusione. Credo che questo potrebbe essere il senso di un "cantiere in lento movimento". Dimmi cosa ne pensi.

Cantiere in lento movimento. Incontro a più voci da un dialogo a due voci, un progetto di Ermanno Cristini e Susanna Janina Baumgartner, riss(e) – zentrum, Varese, settembre 2017

Camminare l'orizzonte

Camminare l'orizzonte: l'articolo determinativo indica uno stare "dentro", e non "su". Poiché l'orizzonte è un *altrove*, che sfugge continuamente allo sguardo, *Camminare l'orizzonte* è uno stare dentro l'altrove, con quella continuità che è suggerita dall'idea stessa di linea.

Forse è lungo quella linea che si perdono sia lo sguardo del viandante di Friedrich che la rotta della barca di Bas Jan Ader perché se l'orizzonte non ha luogo il viaggio che esso chiama è un viaggio senza scopo, quel viaggio che si realizza nel *viandare* e che ha il naufragio come presupposto. Ma forse è anche lungo quella linea che si perdono i confini aprendosi all'idea di frontiera, lì dove si "fanno fronte" le diversità per nutrirsi dell'attrito della propria alterità.

Da questo punto di vista allora *Camminare l'orizzonte* vuole essere un laboratorio epistemologico per praticare, come si conviene all'arte, il territorio mobile dell'eterotopia. Ma in pari tempo asseconda il desiderio di sollevarsi in punta di piedi per osservare, con gli occhi chiusi, lo spazio necessario dell'utopia, forse l'unico luogo dove parlando altre lingue possiamo parlare la nostra.

Camminare l'orizzonte. Deriva, Space 4235, Genova, novembre 2017
Camminare l'orizzonte. Frontiera, Dust Space, Milano, aprile 2017
Camminare l'orizzonte. Chiralità, DoubleRoom, Trieste, aprile 2017

Biss(e)

Biss(e) nasce, per iniziativa di Silvia Hell, Debora Hirsch e mia, dall'erranza di *Riss(e)*, rispetto a cui è un doppio diverso. Con *Biss(e)* lo spazio fisico da provvisorio diventa materialmente in cammino perché la sua sede è sempre un'altra sede.

Biss(e) affianca lo spirito nomadico di *Riss(e)* e lo pratica entro una continua ridefinizione dello spazio espositivo attraverso contesti e formati di volta in volta differenti.

A seconda delle circostanze *Biss(e)* può essere in una tasca o in un'edicola; in un ascensore o in una galleria d'arte; in una lavatrice o su un albero; sotto una sedia o all'angolo di una strada. Sempre tra chi fa e chi guarda in un costante scambio di ruoli che si nutre di negoziazione. A New York o a Prokopievsk; ad Alice Springs o ad Harare; a Omdurman o a Milano; ad Aalborg o a Ponta Delgada, *Biss(e)* è un mettersi in viaggio dove la successione delle mostre disegna un sistema di dislocazioni che costituisce una deriva. È un calarsi in una realtà di frammenti transitandoli per percorrere le trasformazioni dello spazio e del tempo che in essi si compiono. Il motore è il piacere di perdersi per assecondare la meraviglia della scoperta. Con l'occhio strabicamente puntato al Capitano Nemo e al cappello di Robert Filliou, *Biss(e)* guarda al naufragio come fine naturale di ogni viaggio che cerchi in sé il proprio unico senso.

In "bisseart.jimdo.com", 2017

Il pittore e la modella.
Il corpo che guarda

Così Balzac ne *Il capolavoro sconosciuto*, quasi a conferma delle parole di Celan, per il quale "dice verità chi dice ombra". "Il pittore e la modella" è un topos del fare artistico, e la sua verità sta nella vertigine di un corpo, quello della modella, che incontra un altro corpo, quello del pittore.

Una "catastrofe", quella della pittura, che si consuma in un corpo a corpo nel quale i soggetti mutano di continuo. Un dialogo metamorfico e inafferrabile, insomma, che non può che risolversi nel guardare a occhi chiusi, per vedere, con Bataille, ciò che eccede la possibilità di vedere.

Così, a ispirare questa mostra è la ricerca di "quell'altra" nudità che sta sempre oltre ogni nudità; una dimensione quasi segreta, una questione di bordi porosi e sfuocati, di limiti fraintesi, percorsi in un dialogo tra artisti impegnati a incrociare i propri sguardi attorno alla domanda: il corpo? Dov'è il corpo?

In origine v'è una residenza/mostra realizzata lo scorso anno ad Aveiro, in Portogallo, su invito di un gruppo di artisti portoghesi e per iniziativa di Cesare Biratoni, di Luca Scarabelli e mia.

A seguito di qualche conversazione che ho avuto con Simona Squadrito, un giovane critico milanese con esperienza anche di modella, la mostra portoghese ha voluto affrontare un topos della pittura concentrando l'attenzione prevalentemente sulla natura "relazionale" che esso implica.

L'attuale progetto milanese, sviluppato in collaborazione con Marta Dell'Angelo, Luca Pancrazzi ed Elena Quarestani ripropone il nucleo della mostra portoghese ma lo amplia con l'intervento di altri artisti e con l'intenzione di "problematizzare" il tema, irraggiando visioni e questioni in esso contenute, fino a toccare quegli aspetti, come il suono, apparentemente lontani dalla "scena" del ritratto. Il ritrovare in un'esperienza eminentemente visiva anche un'essenza sonora significa indagare il fruscio della pittura quando il corpo diventa immagine o più in generale scandagliare il rumore dello sguardo, forse perché in questa "paralisi temporanea" del vedere può manifestarsi il tocco, espressione del corpo a corpo e condizione del corpo dell'immagine in quanto rivelazione della nudità.

Il pittore e la modella. Il corpo che guarda o il rumore dello sguardo, Assab One, Milano, ottobre 2017
O pintor e a modelo. O corpo que olha, Mà Arte Galeria, Aveiro, luglio 2016

Stritto stritto

"Stritto stritto", così un'amica napoletana di grande tradizione ordinò un caffè per me e per lei.

Mi aveva condotto in uno di quei locali che non figura tra i più famosi di Napoli, ma è noto solo in un gioco di passaparola.

Quando il barista posò le tazze, l'amica con quella soavità aperta tipicamente partenopea ribatté: "Avevo detto stritto!"

L'osservazione riguardava uno strato sottilissimo di caffè: qualche millimetro. Eppure era ancora troppo; la partita si giocava sul deposito di poche lentissime gocce, gonfie del setaccio implacabile della loro materia.

Un concentrato di colore, di sapore e di sapere, da sorbire con lentezza a sorsi quasi impercettibili; impercettibili come il suo spessore.

A ogni sorso, necessariamente condotto in punta di labbra, il piacere acuto dell'essenza libera la memoria di una storia infinita, cadenzata dalle gocce che cadono lentamente e che lentamente scandiscono il tempo dell'uomo, a sua misura.

"Stritto stritto" è una condizione dell'indugiare, del ritardare, del "prendersi cura". Nell'esiguità della bevanda sta il lusso della pausa; nella sua estrema riduzione concentrata la dilatazione di quella ricchezza del balcone che Pasquale Lojacono racconta con la semplicità del suo monologo: "vedete quanto poco ci vuole per rendere felice un uomo?"*

* Il riferimento è al protagonista de *Il monologo del caffè*, nella commedia di Eduardo De Filippo: *Questi Fantasmi*, 1945

In AA.VV., *Chicchi di Caffè*, Bortoluzzi editore, 2017

In mezzo alle cose

1) Bianco

Come tutti i dialoghi questo avviene negli interstizi.

Le pause tra le cose, i loro silenzi, sono i luoghi in cui si disegna un senso, e dove le parti per ritrovarsi si ritrovano in un altrove.

Fatto di affinità che marcano le differenze.

Sempre, quando c'è di mezzo un "vuoto" esso è il sapore del "pieno". E non era forse un vuoto improvviso ad attraversare lo sfioramento incidentale del Werther e a inaugurare l'incipiente naufragio amoroso?

2) Apertura/avventura

Diviso in due il *Grande Vetro* ci porta di là. Il macchinico prostrarsi dei bracci apre il passaggio alla terra degli echi dove le cose arrivano piano, nel loro ritardo, facendo risuonare le parole del Parsifal:

"Apri!" "A chi? Chi siete?"

"Voglio entrare nel tuo cuore."

"È uno spazio stretto."

"Che cosa importa? Anche se non v'è spazio, non avrai da dolertene."

"Ti dirò cose meravigliose."

"Siete dunque voi, dama Avventura?"

3) Intermittenza

Ad affascinare dell'intermittenza è la discontinuità. L'intermittenza è una successione di mancamenti, di vuoti, una sorta di "ansimare" del fenomeno, che, come ogni ansimare, ha necessariamente a che fare con la vita. L'arte, al pari dell'erotismo, insegue un bordo che non sta mai fermo, perché trova la sua continuità nella discontinuità di un ricalco che si dà e si trattiene, continuamente. Un andamento che marca uno sperpero, o una trasgressione, come voleva Bataille.

4) Affiorare

Davanti-dietro, sopra-sotto, fuori-dentro, i riferimenti spaziali vacillano nella spinta di un naufragio che affiora. La scena è una sospensione del tempo, paralizzato dal paradosso entro il quale il mondo si rivela.

Naufragare-affiorare sono movimenti identici e contrari resi solidali dall'assonanza delle parole. Inganni del linguaggio, che sussulta per trovare la sua verità di menzogna.

5) Rovescio di Alice

"Ti piacerebbe di andare nello specchio? (…) Prima di tutto, v'è la stanza che si vede attraverso lo Specchio: è precisa come il salotto dove stiamo; però tutte le cose son messe alla rovescia. (…) Quanto mi piacerebbe veder quella parte! Chi sa se nell'inverno c'è il fuoco: se il nostro focolare non fa fumo, non s'indovina mai; ma se c'è fumo di qua, c'è fumo anche di là. (…) I libri, poi, somigliano ai nostri libri; ma le parole sono stampate a rovescio. Questo lo so; perché ho tenuto un libro contro lo specchio, e nell'altra stanza ne hanno pigliato un altro".

Lewis Carroll, *Attraverso lo specchio e quel che Alice vi trovò*

6) Impronta

Quando l'immagine è la traccia di un'altra immagine si rivela un'erotica dell'apparizione. Il ricalco declina il doppio e tratteggia l'individuale, così, in questo disegno, lascia venire a galla il carattere della diversità: il suo *punctum*, ovvero quello che ci rapisce. Come rivelandosi al "tocco" l'immagine insiste nel nostro occhio, lo punge sottilmente al pari di un'impurità a sollecitarne l'azione strabica. E nella divaricazione dello sguardo si consuma lo stupore dello smarrimento, sempre quello della prima volta.

7) Appena

Qualcosa. Soffocato dall'ombra di un segno possibile. Si vede appena. Non si sa. Intravisto dal bordo. Sotto. Celato.

Forse nascondere è l'essenza del mostrare, proprio come il vuoto è l'essenza del pieno e il silenzio è l'essenza del suono, perché queste "negatività" hanno a che fare con il "nulla" come campo di possibilità, o, sartrianamente, in quanto nulla che "colora le cose".

8) Paesaggio

E dunque la fine è l'inizio: un girare in tondo che marca una ripetizione differente.

Ma è qui che si cammina l'orizzonte, attivando una circolarità che sfugge verso un altrove. L'orizzonte non c'è mai: lo vedi solo in un battito di ciglia. Una impercettibile sospensione dello sguardo entro cui ci appaiono le cose, per poi tornarsene subito a casa.

Giulio Lacchini, Ermanno Cristini, *In mezzo alle cose. Dialogo in 16 immagini*, edizione limitata, Libreria del Convegno, Cremona, 2016

Google Capital

"La ricchezza delle società nelle quali predomina il modo di produzione capitalistico si presenta come una immane raccolta di merci e la merce singola si presenta come sua *forma elementare*"

Karl Marx, Il Capitale, Libro I

"De rijkdom van de samenlevingen waarin de kapitalistische productiewijze heerst presenteert zich als een immense opeenhoping van grondstoffen en individuele grondstoffen verschijnt als haar *elementaire vorm*"

"A riqueza das sociedades em que o modo capitalista de produção prevalece se apresenta como uma imensa acumulação de mercadorias e commodities indivíduo aparece como sua *forma elementar*"

"U ricchizza di li sucitati in cui lu càlculu capitalisti di prevails pruduzzione stessa prisenta cum'è un tesoru di sperienze individuale prudutti è Indian appari comu a so *forma elementari*"

"The society in which the capitalist mode production itself is dominated by the individual wealth accumulation products and commodity wealth appears as its *elementary form*"

"La société dans laquelle la production du mode capitaliste lui-même est dominé par l'individu des produits d'accumulation de richesse et produit la richesse apparaît comme sa *forme élémentaire*"

"A társadalom, amelyben a kapitalista termelési mód maga uralja az egyént vagyonosodási termékek és termék gazdagság jelenik meg *elementáris forma*"

"Tha an comann-sòisealta calpachais anns a bheil am modh riochdachadh fhèin air an ceannasachadh le fa leth beairteas cruinneachadh stuthan agus a 'bheairteas de stuthan air an taisbeanadh *eileamaideach cruth*"

"Anthu ake capitalist akafuna kupanga wokha kulamulidwa ndi munthu yosonkhanitsa chuma ndi chuma cha chuma pa *elemental* anasonyeza mtundu"

"Abantu mode isicebi zokukhiqiza ngokwayo ilawulwa iqoqo kwemithombo kanye nengcebo yezinto ezibonakalayo on the zokucathula wabonisa isizwe"

"Seda kontrollib kogumise peamiseks allikaks materiaalne rikkus ja näitas rahva kapitalistlik tootmisviis"

"Es steuert die Sammlung von Primärquellen Reichtum und zeigte Menschen, die kapitalistische Produktionsweise"

"Esso controlla la raccolta di ricchezza fonti primarie e ha mostrato alla gente la modo di produzione capitalistico"

In "STRABISMI" n. 4, *About 56ª Biennale di Venezia*, settembre 2016

Abitare un ritardo

Scriveva Walter Benjamin nei *Passages* che "Non bisogna far passare il tempo, ma anzi invitarlo a fermarsi presso di noi". È con questo spirito che Duchamp indica nel respirare, in opposizione al lavorare, l'essenza dell'attività creativa. Il fare artistico sta entro un ritardo e dunque si qualifica per una sottrazione: ciò che manca è il principio di economia e la dimensione utilitaria, al punto che esso si configura come uno sperpero. Così entro un'operosità reiterata senza fine si consuma una inoperosità, o più precisamente un'applicazione inoperosa, che è la sua vera cifra.

Abitare un ritardo è il senso di questa residenza, facendo dell'abitare l'occasione per mettere in atto delle pratiche che percorrano il tempo senza tempo dell'attesa creativa. Piccoli gesti, soste, pigrizie, lentezze, contemplazioni, stupori, indugi di cui raccogliere amorevolmente le tracce oziose e ozianti per sperimentare un modo di fare che è un modo di essere. Una passeggiata nella *Domus*, per ritrovare, con Robert Walser, il piacere dell'incontro sorprendente fuori dal rapporto funzionale con il mondo.

In questa ginnastica improduttiva sono coinvolti anche i residenti del PROGR e alcuni artisti in visita che si sono persi per un istante con noi. La raccolta delle tracce dà luogo a un dialogo a più voci nella condizione di tempo sospeso.

La residenza al PROGR si colloca entro un percorso di iniziative dedicate alla valorizzazione dell'ozio creativo, che comprendono una mostra, *Doppio stallo*, alla Nowhere Gallery a Milano e alla Galleria Primopiano a Napoli; una lecture al Cabaret Voltaire a Zurigo nel contesto di *Obsession Dada*; un intervento ad Art-House Galerie Sandra Marti a Thun; un intervento, *Hotello: abitare un ritardo,* alla Triennale di Milano nel quadro della mostra *999. Una collezione di domande sull'abitare contemporaneo.*

Abitare un ritardo, un progetto di Ermanno Cristini e Giancarlo Norese, PROGR, Berna, 2016

L'utopia e i capelli di Enwezor

È sempre più difficile seguire la tentacolare estensione della Biennale di Venezia e questa mostra di Enwezor non facilita. Stabilito che la moltiplicazione è solo ed esclusivamente il portato congiunto delle ragioni del mercato e dell'industria turistica il primo dubbio sorge al cospetto di una Biennale che viceversa vuole proporsi come momento di coscienza critica.

Da questo punto di vista la foto del *curator* sulla copertina di *Vogue Uomo* sembra restituire la "nudità" di questa esposizione, inghiottendo nella patinatura del magazine la "vocazione politica" del curatore e di conseguenza della corpulenta schiera di artisti coinvolti.

Sorge allora la prima domanda: è possibile sfuggire unicamente con la forza propositiva delle idee ai meccanismi della macchina economica e mediatica che muove la Biennale? Difficile, ma se sì, credo che la strada passi anzitutto attraverso l'abbandono radicale della dimensione quantitativa: nel frastuono occorre avere il coraggio di parlare sottovoce, ai limiti della percettibilità.

Ha ragione Manuela Gandini quando scrive su *Alfabeta 2*: "Allora, l'usurata figura dell'*Angelus Novus*, si impone ancora una volta con tutta la sua forza dando adito alla storica domanda che Merz aveva riscritto al neon: "Che fare? Fare silenzio."

Per fare silenzio, se vogliamo che l'*Angelus* si imponga, dobbiamo pensare, la prossima volta, a una Biennale piccola, in un'unica sede, con pochissimi artisti.

Nessuno spettacolo e un segnale deciso per dire che l'industria culturale ha fatto il suo tempo e trascinata anch'essa nel rovinio di una crisi di sistema irreversibile non resta che guardare alla cultura fuori dall'intrattenimento e come fatica dell'impegno. Utopia? Eppure necessaria se si vuole che la coscienza critica non sia chiacchiera da salotto ma il tramite di una visione. La visione presuppone un orizzonte e l'orizzonte si può solo tratteggiare con uno sforzo di immaginazione.

L'utopia è proprio, al di là di tutto, la cosa che manca di più in questa Biennale, a dispetto del titolo, perché la proiezione nel futuro comporta necessariamente una capacità immaginifica.

La mostra di Enwezor presenta anzitutto una caratteristica evidente: rimarca un bisogno di impegno come tema centrale della ricerca artistica contemporanea. Lo fa con un respiro internazionalista e con un'attitudine scrupolosa nell'indagarne le diverse declinazioni. Ma la seconda caratteristica, altrettanto evidente, è che tale bisogno cerca i propri riferimenti negli anni settanta. L'ossatura della mostra ai giardini, che esprime con più chiarezza il disegno curatoriale di Enwezor, ha i propri pilastri in artisti come Fabio Mauri, Hans Haacke, Teresa Burga, Adrian Piper, presenti anche con opere storiche. Valga ricordare per tutti il lavoro sul *Manhattan Real Estate* che è del 1971 e inaugurava uno spostamento del concettuale dalla dimensione metalinguistica a quella di analisi direttamente politica e che, pure dal punto di vista spaziale, occupa il centro del padiglione centrale ai giardini, come se fosse insomma una sorta di cuore della mostra. E comunque non si può non considerare che il Leone d'Oro per *All the World's Futures* è andato ad Adrian Piper, classe 1948.

Non ho nulla contro gli artisti storici ma il fatto è che tali presenze, alla fine, restano le forme più convincenti del disegno di Enwezor. E se in questo modo si impongono come un riferimento imprescindibile per la ricerca contemporanea che voglia ritrovare una dimensione etica e di impegno politico (cosa a cui io personalmente credo e di cui in altra sede mi sto occupando), essi in pari tempo agiscono da cartina di tornasole delle fragilità e dei limiti delle espressioni di oggi.

Come ci insegnava Benjamin, il futuro si disegna in quegli istanti in cui frammenti del presente e del passato si incontrano stabilendo una tensione dialettica. Se tale tensione non c'è il presente viene inghiottito dal passato o viceversa, e non c'è futuro.

Le fragilità sono evidenti soprattutto nella mostra all'arsenale, dove la ricerca contemporanea non solo è fagocitata dentro il "grande numero" ma è anche spesso appiattita in una sorta di politichese di maniera. Un verbo di cui è protagonista sicuramente il ricorso all'archivio, al documento e al video-documento. Scelta linguista diffusa da qualche anno e anche pienamente giustificata per tante ragioni, ma che, salvo eccezioni, finisce con ridursi a tradurre un impegno di circostanza più che di sostanza. Haacke faceva ampio uso degli archivi e dei documenti come scelta politico-estetica, ma al suo cospetto, tragicamente, la maggior parte dei lavori contemporanei rivelano tutta la loro debolezza.

Ciò che manca è lo slancio che contraddistingueva la stagione di Haacke e che dava potere immaginifico anche e proprio all'aridità dei suoi schemi.

Perché, quella rinuncia all'*estetico*, che allora aveva in sé paradossalmente una forte valenza estetica, spogliata della propria capacità di partecipare a una visione si riduce ad estetismo.

E la visione di allora era quella che si nutriva soprattutto di utopia, come ci ha aiutato a capire Harald Szeemann indicandocela come elemento qualificante della spinta etica della ricerca degli anni settanta. Fuori dall'ambito artistico e come considerazione più generale ricordo che Gianni Vattimo, già una quindicina di anni fa, indicava l'utopismo come uno degli elementi qualificanti del pensiero della fine degli anni sessanta, e tra le eredità di allora come "quella che si può ancora oggi raccogliere senza vergogna", in quanto corrispondente a una spinta rifondatrice.

L'oggi, nel necessario guardare all'allora non pare in grado di coglierne il senso più profondo: la spinta a "fare mondo" nella consapevolezza del fatto che per fare mondo bisogna immaginare.

Dunque, perché ci siano dei "mondi futuri" forse occorre che un nuovo aereo rosa sorvoli la Biennale guardando al Mark di Zabriskie Point (che è del 1970, un anno prima del lavoro di Haacke) come l'artefice di un volo che ha nella propria follia la forza generatrice di una nuova umanità entro l'aridità del deserto.

Il volo è sempre una sfida alle leggi della gravitazione e non si cambia la realtà senza sfide, soprattutto quando si è nel fango e l'unica possibilità è sempre la più improbabile, come quella che ha consentito di salvarsi al Barone di Münchhausen afferrandosi ai suoi stessi capelli e tirandosi su a più non posso. Oggi in particolare è diventato indispensabile esprimere la capacità di alzarsi in volo, ma i capelli di Enwezor, diversamente da quelli del Barone, a Venezia non sembrano reggere alcuna salita.

In "UnDo.Net", luglio 2015

L'applicazione inoperosa
e il lusso della pausa

"Il lavoro è il rifugio di coloro che non hanno
nulla di meglio da fare"

Oscar Wilde

"Ogni giorno" è una bella sfida; per un anno o per una vita fa
poca differenza, ciò che conta è la meticolosità ostinata di un'applicazione quotidiana.

Mi viene in mente un celebre ciclo di On Kawara, *Today series*,
il quale dal 1966 fino alla sua morte avvenuta lo scorso anno, ha
dipinto giorno dopo giorno un quadro monocromatico che raffi-
gurava la sola data in cui era realizzato.

Un'esecuzione accurata, di grande impegno, anche se prodotta
a disegnare dei numeri, una scansione uniforme del tempo tramite l'introduzione nella continuità del flusso di una separazione
convenzionale, quella che usiamo per nominare attraverso una
misura.

Un lavoro, a tutti gli effetti tale per lo spessore di fatica che
appartiene a ogni lavoro, ma apertamente improduttivo, perché
il fine è entro se stesso (...) Alberto con *Once a day* ha scelto di
muoversi in un territorio simile, più che in quello del diario in
senso stretto. Il diario si compila per ricordare, qui si compila per
compilare.

Per questo il suo lavoro mi ha subito interessato, perché non è
un lavoro, o è un lavoro che si esercita nella sua negazione.

Così prende un senso particolare la sequenza delle foto, realizzate con uno strumento di "scarsa dignità" per un fotografo, il te-
lefonino, per giunta con ottica fissa. Una sequenza che scandisce
senza orpelli il tempo e che si identifica con la vita di chi scatta,

in qualche modo con il suo respiro. E ogni respiro è fatto di ritmi che variano, si accentuano, rallentano, si intoppano, tossicchiano, si arrestano per prender fiato. Non c'è "bello" o "brutto"; fuori dall'economia del risultato, resta la nudità dell'atto. Così giorno dopo giorno e così la sequenza di immagini che, soprattutto vista a posteriori, vale proprio per il suo scorrere, a prescindere da qualsiasi considerazione estetica che può riguardare questa o quell'immagine.

Ognuno, guardandole, assecondi pure i propri vizi e le proprie inclinazioni, ma ciò che conta è che questa applicazione inoperosa non è altro che vita, in un tentativo di presa di possesso pieno, fuori dai vincoli dell'utilità. Una sorta di godimento dello scatto che si sottrae al principio di prestazione. Un riscatto del "fare" che rivolto alla fotografia, e nonostante la "condanna" del referente, finisce con accentuarne lo statuto extradocumentale, perché "… sebbene rimanga alla portata di tutti, la fotografia sfugge sempre" (Riccardo Panattoni, Gianluca Solla).
Poi queste immagini sono pubblicate in tempo reale, quotidianamente in Facebook, anche proprio perché siano "alla portata di tutti".
Vendute sulla piazza virtuale del social network con una vendita che è uno stratagemma, trattandosi in realtà di un crowdfunding, destinato ad alimentare un altro step della passeggiata entro l'inutile. Una vendita che si contraddice, non prevedendo accumulazione, e, ancora, afferma l'improduttivo. L'applicazione inoperosa si dà al quadrato, perché è difficile e impegnativo cercare di vendere una foto al giorno, è difficile come "farla", e ci vuole costanza, soprattutto nella consapevolezza del fatto che lo sforzo è vano, escludendo il profitto.

Non è per vivere ma è nel vivere, una questione che forse per questo resta privata anche nel momento in cui mette i piedi in quello spazio di confine, franoso, dove l'intimità si rovescia nell'estimità.

Nella condivisione in diretta delle fotografie attraverso il social network, colui che guarda è in pari tempo colui che si guarda mentre è guardato. Ma è il vortice virtuoso dell'applicazione inoperosa reiterata a far chiudere gli occhi, concedendo una sorta di lusso della pausa entro cui si marca quella distanza che consente di "vedere" anche oltre l'opacità luminosa del mezzo, e fin dentro lo spessore delle cose.

In Alberto Bortoluzzi, *Once a day*, Bortoluzzi Editore, 2015

Un periodo per un'opera d'arte

Quando scorreva aereo, lo sguardo tuttavia avvitava il buio.

Marcel Duchamp, *Eau & gaz à tous les étages*, versione originale, giugno-settembre 1958, Parigi, lettere bianche su targa smaltata blu, facsimile di targa da appartamento, 15×20 cm

In Luca Pancrazzi e Luca Scarabelli (a cura di), *Un periodo per un'opera d'arte*, La centrale edizioni, 2018

Essere nudi

Analogamente al precedente duchampiano, ci sono casi in cui le parole e le cose vanno ognuna nella propria direzione per far oscillare il linguaggio.

Se il termine "fontana" si è stratificato di significati aggiunti che l'hanno fatto scivolare verso l'esibizione celebrativa, qui esso si rovescia: si torna all'acqua che scorre nella sua "nudità" quale fondamento del corpo, addirittura in identità con il corpo. In flusso, come suggerisce l'arco, entro una ipotetica circolarità che rimanda alla vita stessa.

L'epicentro del lavoro di Nauman è la bocca, strumento di un sapere che afferra le cose prima ancora che esse si facciano parole; elemento di un'appropriazione tattile del mondo fatta di suzione; ritorno alla nascita. Infanzia dell'uomo e corpo umido a parlarci di quella energia acquatica che è bello immaginare, con Talete, come base del mondo, e anche fattore della sua precarietà.

Da questo punto di vista *Fountain* è una forza che si nutre della precarietà dell'origine. A forma di arco, dunque, e in quanto tale simbolo d'amore e del legame tra cielo e terra. Amore per il fondamento o amore come fondamento?

Entrambi i corni della domanda contestualizzano il lavoro nella sua stagione ma poiché presuppongono la radicalità di gesti essenziali parrebbero contenere anche una risposta, in termini di poetiche, a un'altra precarietà, quella effimera del presente.

Perché, persi nei vestiti, l'unica salvezza per l'essere è forse il coraggio di denudarsi.

In "STRABISMI" n. 3, *About Bruce Nauman, Self Portrait as a Fountain*, ottobre 2015

Double Case

Roberto de Luca: "Mi porti *Fama/Fame* a Londra?"
Olivia Notaro: "Sì, certo."

E si incomincia a imballare: *put in a case*. Olivia ha una valigia, *suitcase*, e la aspetta una vetrina, *showcase*. Una parola, *case*, è il filo conduttore. Ma *case* è una parola riverberante dai significati molteplici, quasi inafferrabili. Leggo da un dizionario: "contenitore, caso, avvenimento, questione, fatto, motivo, argomento, problema, tipo strano" ecc.

Una condizione che sarebbe sicuramente piaciuta a M.D., il quale aveva ampiamente avuto a che fare sia con valigie che con vetrine, rincorrendo i riverberi dei suoi significati in una fuga infinita di senso. Ma non sta forse proprio qui lo specifico dell'arte?

In questa occasione *case* intreccia due progetti o li argomenta per farli avvenire. L'uno, *Fama/Fame*, si nutre di opposti, quella tensione dialettica che attraversa l'autorialità tra necessità di sopravvivenza e sogni di gloria. L'altro, *Art Lab*, sviluppa pratiche di negoziazione dove l'autorialità si stempera rizomaticamente in una partecipazione collettiva al fare. Una quarantina di artisti si trovano a essere compagni di viaggio in un'avventura che li mescola all'insegna del *case*, inteso come *chance*, *fortuity*, perché il tracciato assuma la disponibilità alla scoperta che contraddistingue il viandare, nel senso del *Wanderer*.

"E io cosa c'entro in tutto ciò?"

Ho scritto un testo e invitato un artista in aggiunta, Filippo Falaguasta, il cui lavoro sembra contenere tutti i riverberi della parola *case*, e dunque il senso dei due progetti. Negli anni Filippo salda il suo lavoro di artista allo svolgimento in tempi diversi delle professioni più disparate, dal muratore al cuoco all'amico intimo, per sopravvivere ma anche per farsi fotografare, come una sorta di Fregoli impegnato a calpestare il palcoscenico dell'arte. Sempre pronto a rifare la sua valigia di abiti di scena per la prossima vetrina. *A case*, un vero tipo strano.

Double Case, a cura di Ermanno Cristini e Olivia Notaro, Window Space, ASC Artist Studio Building, Londra, marzo 2015

Reliquiae

Reliquiae è il nuovo progetto di Oppy De Bernardo che prevede una vasta raccolta di campioni di sangue dal mondo dell'arte. Il sangue, impresso su frammenti di lino presentati in cornici di plexiglas, forma un reliquiario, oggetto di un ciclo di mostre che registrano la crescita progressiva del lavoro.

Un ciclo di mostre perché la *translatio*, ovvero lo spostamento da un luogo di culto a un altro, è parte integrante della pratica delle reliquie e anche in questo caso viene puntualmente rispettata. Questa tappa, dunque, non è altro che l'inizio di un'erranza, il via di un pellegrinaggio in forma di riflessione sul "pellegrinare" stesso, a cavallo tra sacro e profano, e che non può non avere proprio nella città partenopea la sua naturale origine.

Novanta reliquie per cominciare, sapendo che nella *smorfia* il novanta equivale alla paura e non c'è evocazione del sacro che non chiami in causa un qualche timore, più o meno reverenziale, soprattutto quando il sacro si mescola con il profano, come spesso accade nella cultura popolare.

Oppy è solito misurarsi con le sue radici antropologiche, affondate nell'humus napoletano. Un luogo di credenze, di riti e di miti vernacolari, legati a una religiosità semplice e spettacolare che ha nel culto delle reliquie il suo asse portante. Prima tra tutte quella del sangue di San Gennaro. Ed ecco la centralità del tema: tra le reliquie, quelle legate al sangue hanno nella tradizione un peso rilevante in quanto espressione dell'essenza di una corporeità trascendente. Dopotutto non siamo altro che sangue ed è per questo che "ex tela imbuta sanguine", nella classificazione ufficiale è collocata tra le reliquie cosiddette di *Prima Classe*, tra le tracce di carne, di cenere, di ossa, insomma con tutto ciò che ha a che fare direttamente con il "corpo della santità".

Il lavoro di Oppy parte da qui, a raccogliere, con la maniacalità della collezione, il sangue dell'arte, quell'universo che disegna i tratti di una realtà sempre più "religiosa", ma nel senso mondano del termine, con la sua chiesa, le sue pratiche, i suoi culti, ecc. La benjaminiana caduta dell'*aura* in realtà ha corrisposto a una nuova *aura* che si nutre appunto della sua perdita.

Lo aveva ben capito Marcel Duchamp attribuendo sacralità al fumo del suo sigaro, ovvero a una manifestazione del suo respiro. E lo aveva ben capito Piero Manzoni nell'eleggere il suo fiato o i suoi escrementi a corpi sacri dell'arte, appunto, reliquie.

Di lì la storia dell'arte del '900 è storia di "devozioni". *Reliquiae* ci fa "inginocchiare" per parlarci di tale condizione. Forse a prosecuzione ideale del lavoro di Eleanor Antin che dal 1965 al 1968 ha raccolto il sangue dei poeti in vetrini da microscopio, Oppy De Bernardo allarga il campo agli artisti. Ma la Antin collocava i suoi vetrini in una sorta di *boîte*, evocante le *boîtes* duchampiane affinché l'aura della santità della poesia fosse annullata nella fredda classificazione del reperto scientifico. Oppy invece ne rovescia l'intento e le modalità: qui il prelievo rimarca una santità, ironicamente celebrata nella conferma al quadrato dell'idea stessa di reliquia. Il sangue prelevato è raccolto impresso in campioni di lino, disposti sotto plexiglas. Un reliquiario che somiglia a una sorta di quadreria, o meglio a una collezione di ex voto. Perché alla fine non c'è reliquia se non c'è una fede e una promessa e dunque se non c'è *ex voto suscepto*.

La legge è uguale per tutti. Oppy De Bernardo, a cura di Raffaella Barbato e Ermanno Cristini, Spazio E23, Napoli, settembre 2015

Respiri

Questa mostra è la prima che faccio qui a *riss(e)*, ovvero a casa mia, ed è dedicata al respiro. Si tratta di una questione che mi sta occupando da oltre un anno e che ha preso l'avvio in occasione di una mostra a Casabianca a Bologna, è rimbalzata in forme diverse prima a Platforma, il project-space del MNAC di Bucarest, poi in *Fessure* al MIDEC di Laveno, più di recente entro *Dialogos Secondo* al MACT/CACT di Bellinzona e da ultimo nella tappa *Roaming. Riposizionamenti*, presso l'ex Archivio di Harald Szeemann a Maggia.

Nel frattempo, "respirando", sono nati una serie di altri lavori, ancora principalmente inediti e che vengono presentati qui, tutti insieme per la prima volta, forse a fare il punto. Presentati qui perché lo spirito di *riss(e)* è proprio quello di una piattaforma sperimentale, una parte dello studio-atelier, dove anche "testare" i lavori prima di una mostra "vera e propria".

Non so bene perché sia iniziato questo interesse per il respiro ma accade sempre così "che non si sa mai bene perché". Certamente è una ulteriore conferma del mio bisogno di attenzione per l'infinitamente piccolo e per l'evanescente, nella consapevolezza del fatto che lì stia l'"essenza".

Non è un caso che dal *pneuma* dei greci allo *spirito* del cristianesimo il respiro sia un centro al punto di identificarsi con la vita stessa. E non è un caso che nella cultura orientale, secondo il Sutra Anapanasati per esempio, in una visione che non distingue tra mente e corpo, la consapevolezza del corpo passa proprio attraverso la messa in atto del principio stesso della respirazione, l'atto di *inspirare* ed *espirare*.

Ho invitato Patrizia Giambi a realizzare questa mostra con me perché Patrizia ha fatto un'articolato lavoro sul respiro una decina d'anni fa: 83 sospiri per una mostra, presentato a Palazzo Albiroli a Bologna e anticipato un anno prima, in altre modalità, a Lubiana e a Nizza. A *riss(e)* vengono presentati 9 elementi risalenti all'installazione originale del 2002 che invece si componeva appunto di 83 elementi. *Sospiri* sono delle forme di vetro soffiate realizzate nella cucina dell'artista utilizzando delle pipette di vetro temperato disponibili per analisi chimiche, scaldate sulla fiamma e modificate col respiro. La forma che se ne è ricavata è totalmente casuale ed organica, a seconda della forza di emissione dell'aria dalla bocca, ed è come se cristallizzasse in una materia un dato fortemente immateriale. Integra *Sospiri* un brevissimo filmato in loop, *Forca Rossa-Fine della Natura*, del 2013, dove è ancora il respiro a dare forma al desiderio di "scolpire l'aria".

In questa mostra ho direttamente "preso cura" di me stesso e della mia ospite ma l'occasione si avvale di un contributo di testo, che sarà presente in mostra, di Alessandro Castiglioni, con il quale condivido una buona parte di quello che faccio, tanto che talvolta anche quando non è implicato direttamente lo è comunque!

Respiri. Ermanno Cristini, Patrizia Giambi, riss(e), Varese, 2014

La coperta di Concetta
e l'orizzonte dei fili

Dopotutto la coperta di *Goodbye*, nel suo epilogo, atomizzata in giro per il mondo e riallineata qui a *riss(e)* nella nuova forma dei suoi componenti, evoca un'immagine di viaggio, facendo pensare a quel riparo dal freddo, ma in fondo a quella protezione dall'ignoto, quell'"appendice di casa", che accompagna da sempre l'iconografia del viaggiatore.

Appoggiata sulle ginocchia nelle diligenze del west o nelle migrazioni dell'Orient Express, riposta nei bagagliai delle prime motorizzazioni di massa degli anni '50, accogliente "gruccia" nei lunghi viaggi aerei intercontinentali oggi, la coperta è il viaggio, o la casa, o entrambe le cose insieme proprio perché forse l'una non può essere senza l'altra e viceversa.

Dunque, pazientemente smembrata, ridotta agli elementi primari dello scheletro della tessitura e accuratamente dispersa, la coperta di Concetta rivela nonostante e proprio nel controluce della sua decostruzione l'essenza della sua natura: la forma di un "fare" che trova nel viaggio il suo senso.

"La via più breve per giungere a se stessi gira intorno al mondo", osservava Hermann Keyserling; in questa accezione l'abbandono al viaggio assume una forte valenza introspettiva ma anche una segnata dimensione conoscitiva: viaggiando è come se mi guardassi allo specchio ma viaggiando è come se guardassi allo specchio, con me, il mondo, cogliendone nell'instabilità delle immagini "di vetro" l'andamento dinamico di flusso in costante trasformazione. La dispersione diventa in realtà una disseminazione, ovvero il luogo di una fecondità.

La coperta di Concetta scarnificata nei fili della sua tessitura e "dispersa ai quattro venti" dà luogo ad altri "fare", genera altre forme che, a partire dal seme dell'origine sviluppano le forze della vita. Dissolta, la forma si apre ad assumere una dimensione processuale e addirittura germinale; la tessitura, il fare originario, si ricrea in una prospettiva relazionale dove la forma diventa sempre più la forma della relazione. E in questa forma ci parla del mondo; mentre implicitamente la valenza geografica in cui l'operazione si proietta è quella di una geografia "immateriale", se si vuole una geografia degli orizzonti più che una geografia dei confini.

L'orizzonte, infatti, contiene tutta la forza del viaggio e ne proietta il valore euristico.

"Chi anche solo in una certa misura è giunto alla libertà della ragione, non può non sentirsi sulla terra nient'altro che un viandante per quanto non un viaggiatore diretto a una meta finale: perché questa non esiste. Ben vorrà invece guardare e tener gli occhi ben aperti, per rendersi conto di come veramente procedano le cose nel mondo; perciò non potrà legare il suo cuore troppo saldamente ad alcuna cosa particolare: deve esserci in lui stesso qualcosa di errante, che trovi la sua gioia nel mutamento e nella transitorietà".

Così Nietzsche in *Umano, troppo umano* e di questa gioia nel mutamento e nella transitorietà si nutre il lavoro di *Goodbye*, nella consapevolezza che la fine contiene sempre un inizio, se ci si dispone all'armonia con la circolarità della vita, di cui l'inafferrabilità dell'orizzonte è il tramite.

È per questo forse che lo sguardo del viandante di Friedrich è puntato verso l'orizzonte, consumando un'attesa che si radica nella nebbia, metafora del sublime romantico, certo, ma anche di una forza entropica dove il limite spugnoso dell'orizzonte rimanda continuamente a un altrove inafferrabile. E la nebbia, ovattando il mondo ce lo restituisce "rallentato", tanto da poter essere percorso solo con la forza dell'attesa, ovvero quella condizione in cui lo sguardo si acuisce e le cose si offrono a noi nella loro sostanza.

Ma anche quella stessa condizione di Penelope, a cui inevitabilmente rimanda la coperta di Concetta: un fare e disfare continui che consumano una sospensione del tempo entro la quale il mondo si rivela. Dunque la tessitura come orizzonte dei fili, per cercare in essa, con la "verità" dell'arte, la trama di nuove epistemologie.

Goodbye. Concetta Modica, riss(e), Varese, gennaio 2014

oO o Oo?

Una specie di scooter è appoggiato distrattamente a una parete lungo il corridoio interno di una palestra. Ma lo scooter è in cemento armato esattamente come la parete. E poi non è proprio uno scooter, è un'evocazione, quello che gli inglesi direbbero "to seem": un "sembra", capace però di più impressione.

E mi è rimasto impresso perché non si è fatto annunciare. Incontrato per caso nel periplo di uno spazio normalmente estraneo all'arte, chiedeva di essere scoperto. Come le altre opere presenti nel padiglione Cipriota-Lituano che si è insediato nella palestra della città.

Non ricordo di chi sia il lavoro, ma forse è davvero poco importante perché in questo caso le singole opere in realtà appaiono come i componenti di un'unica entità: il padiglione nel suo insieme, che è la vera opera. Sempre nelle mostre riuscite le opere si relazionano tra loro per generare l'organismo mostra, ma qui in particolare l'intersezione, gli scivolamenti e le sovrapposizioni sono talmente forti da diventare l'opera vera e propria.

Mi interessano sempre di più le cose in cui non si sa bene chi fa cosa. E mi interessano sempre di più le cose che si danno nella forma di sistemi complessi, che fanno vacillare le etichette disciplinari e gli statuti formali. Quattordici artisti, due commissari e un curatore hanno provato a confondersi, varcando i confini dei loro paesi per varcare i confini dei loro ruoli. *Oo* è un organismo fluido, un processo negoziale, una rete di relazioni, un inciampo istituzionale. Perché *oO* è anche *Oo*, inafferrabile e dunque finalmente poetico.

E gli "oggetti", vivendo della propria "discrezione", trascendono gli oggetti e danno luogo a un'opera che tratteggia lo spazio di un nuovo statuto.

oO o *Oo* è un'opera intrigante perché forse contiene la prospettiva di una nuova autorialità, che non si stempera nel collettivo inseguendo un poco fecondo anonimato ma che si afferma nel confronto senza abdicare mai alla propria individualità. Anzi, trova nell'altro l'affermazione del sé, e il sé nell'affermazione dell'altro, entro una diversa geografia di territori instabili; *oO* o *Oo* ?

In "STRABISMI" n. 1, *About 55ª Biennale di Venezia*, aprile 2014

L'orizzonte opaco e la filosofia del mattino

Sempre il pittore ci invita a un gioco di società, offrendoci uno scambio di ruoli nel momento in cui pone il suo sguardo nelle nostre mani perché lo si adotti facendolo proprio.

Ma in questo caso lo sguardo ha le diottrie ridotte visto che si perde nell'opacità della nebbia. "Chiudi il tuo occhio fisico", recitava il pittore, quasi a prevedere quell'*antiretinico* che poi, cento anni più tardi, avrebbe cambiato il corso delle cose dell'arte a opera del "Grande perturbatore". L'astensione dello sguardo conduce a eleggere lo smarrimento come baricentro, una situazione di incertezza che la teoria dell'informazione chiama "entropia" e che è l'essenza stessa del fare artistico, la ragione del suo contributo di conoscenza in una accezione formativa e non decorativa di ciò che è *estetica*.

Dunque qui i due termini, "viandante" e "nebbia", a cui il pittore si affida per nominare il suo quadro, sembrano trovarsi a coincidere, sovrapponendosi nel celebrare il non certo. L'una perché soffoca la vista aprendola all'ignoto di una penetrazione più acuta, segnata dal tocco, nel senso del mettere a nudo quasi baudelairiano. L'altro perché dando corpo all'inquietudine di un bisogno continuo di naufragio supera la dimensione consolatoria della meta da raggiungere per disporsi al valore euristico dell'azzardo contenuto nel viaggio come fine in sé.

Lasciandosi prendere dal gioco delle immagini e seguendo le assonanze tra le figure vien da pensare a un altro "grande perturbatore", Joseph Beuys, il quale con *La rivoluzione siamo noi*, per tante ragioni fronte del *Viandante*, sapeva che la ragione della sua opera stava dove lo sguardo si sarebbe perso in un'opera di cinque anni più tarda, *Clavicembalo*, un'altra figura di spalle, esplicitamente evocante il *Viandante*.

Il viandante beuysiano, reca inevitabilmente in filigrana la *filosofia del mattino* nietzschiana, ma allora forse si è anche portati a pensare che non c'è mattino fuori da un orizzonte opaco, ovvero non c'è rivoluzione dell'essere senza il suo naufragio continuo.

In "STRABISMI" n. 2, *About Caspar David Friedrich, Der Wanderer über dem Nebelmeer*, novembre 2014

Intermittenza

Ad affascinare dell'intermittenza è la discontinuità. L'intermittenza è una successione di mancamenti, di vuoti, una sorta di "ansimare" del fenomeno, che, come ogni ansimare, ha necessariamente a che fare con la vita. Il soffio vitale, anzitutto, è un'intermittenza, è fatto di quelle astensioni del respiro che fanno il respiro in quanto tale: la dialettica di due movimenti oppositivi così che il luogo in cui inizia l'uno e finisce l'altro è il vuoto che qualifica l'intermittenza.

Per definizione inafferrabile: appena si ha l'illusione di afferrarla essa sfugge, non si sa verso cosa. L'intermittenza presuppone un confine ma un confine che si cancella nel momento in cui si afferra.

Sempre, quando c'è di mezzo un "vuoto" esso è il *sapore* del "pieno" proprio perché è lì che la mano si perde, non può "toccare". E con stupore, poi, ci si accorge che invece in quella perdita il mondo si manifesta al *tocco*. Il *sapore* sta nell'impossibilità rivelata da una mancanza, e tale mancanza è la sola condizione di una presenza. Un po' come vedere a occhi chiusi, uno stato in cui il buio moltiplica la visione attribuendole una corporeità che strappa l'immagine dal suo statuto immateriale.

Era forse questa l'*astensione* a cui pensava Duchamp con il suo irriducibile antiretinismo? Ma sicuramente pensava anche a un'anestesia del tempo che marcasse un'intermittenza del fare come intermittenza dell'essere. Così la sua opera sorride alla discontinuità nella consapevolezza del fatto che, come ci dice Roland Barthes, lì e solo lì sta di casa la seduzione.

"La parte più erotica di un corpo non è forse dove l'abito si dischiude? (…) è l'intermittenza, che è erotica (…) è proprio questo scintillio a sedurre, o anche: la messinscena di un'apparizione-sparizione" (Roland Barthes, *Il piacere del testo*, Parigi, 1973).

La seduzione entra in gioco quando, forse sartrianamente, il corpo si rivela nella morte dello sguardo: un istante per poi rivivere. Il morire diventa tramite del vivere in un movimento oscillatorio entro il quale si disegna lo spaesamento dell'arte per dar forma allo spaesamento dell'essere. L'arte, al pari dell'erotismo, insegue un bordo che non sta mai fermo, perché trova la sua continuità nella discontinuità di un ricalco che si dà e si trattiene, continuamente. Un andamento che marca uno sperpero, dunque una trasgressione: il proprio dell'arte o della vita, come voleva Bataille, per il quale paragonata al lavoro la trasgressione è un gioco, come l'intermittenza, a cui non è dato di esserci se non in una dimensione dissipatrice e improduttiva.

In AA.VV., *In una parola*, Benzoni editore, 2014

Identikit I.
La verità della chiaroveggenza

Nello spazio di *riss(e)* coesistono l'immagine fotografica a tutta parete dell'ex scuola Lilian Baylis, costruita nel 1964 nel quartiere di Lambeth, sud di Londra, un istituto dismesso dal 2005 e in procinto di essere riconvertito in appartamenti privati, e la riproposizione di alcuni elementi di arredo in tutto simili a quelli visibili nella fotografia.

L'edificio londinese presenta in origine coincidenze curiose con lo spazio di *riss(e)*: il pavimento rosso, le colonne, i neon in alto, le canaline industriali dell'impianto elettrico. La foto di Annalisa Sonzogni è costruita a evidenziare queste similitudini. L'installazione poi rimarca l'ambiguità della situazione: una poltrona e un tavolino che paiono gli stessi della foto, e così l'orologio alla parete, le tende, il colore giallo intenso del muro principale, a creare un sistema di rimandi continui tra la realtà bidimensionale della foto e quella tridimensionale della scena allestita in spazio. Il tutto è attraversato da lievi "scarti", sussulti della "chiralità", come le tende che evocano quelle originali ma sono diverse e diverse sono tra loro nelle altezze, quasi a esplicitare lo "straniamento" della situazione, poi la tinteggiatura della parete, che sfugge al "copione" e si dà in modo alterno in due porzioni che riguardano l'una una stanza e l'altra l'altra stanza.

Piccoli elementi di distacco dal modello soggiacenti alla sua adesione e che ci orientano verso un atteggiamento analitico e critico entro cui prende forma, anche attraverso un continuo gioco di rimandi cromatici e compositivi, la voce della natura modernista della cultura di progetto di cui si sta parlando.

Dunque scena, ma non scenografia, perché il senso della mostra è forse quello di ricostruire un "delitto": l'assassinio definitivo della dicotomia tra realtà e immagine della realtà. E allora il discorso sull'architettura diventa discorso sulla fotografia. Nella mostra di Annalisa Sonzogni le due cose si mescolano al punto che le certezze in merito alla nostra capacità di orientarci tra immagini e cose vacillano e le une diventano le altre e viceversa a seconda dei punti di vista che si adottano. Più precisamente l'immagine diventa strumento di comprensione della realtà agendo da elemento che la costituisce per elevarne la pregnanza. Appunto, come nell'identikit.

I punti di vista, per loro natura rimandano al ruolo di chi guarda, ovvero ai *testimoni oculari*. L'identikit, in quanto strumento per la ricostruzione della realtà si basa proprio sui testimoni oculari.

Nulla di oggettivo, o di documentario, ma solo la testimonianza, con la sua "verità" fuori dal documento. I "piedi" dell'identikit affondano, e fondano la solidità del corpo, entro il terreno della memoria. Si nutrono di tracce che galleggiano come cicatrici del tempo. Nella realizzazione dell'identikit occorre "chiudere gli occhi" per vedere.

Anche quando l'identikit è una fotografia il suo livello di verità non ha nulla a che vedere con le credenze che accompagnano la presunta oggettività dell'immagine meccanica. Eppure proprio per questo forse l'identikit è la "verità" della fotografia.

Scrivevano Riccardo Panattoni e Gianluca Solla: "La somiglianza assoluta che a differenza della pittura essa promette, s'infrange sulla dissomiglianza, sull'inverosimile della sua verità (…). Così, sebbene sia alla portata di tutti, la fotografia sfugge sempre" (*Il corpo delle immagini*, Genova-Milano, 2008).

Annalisa Sonzogni sembra voler vivere dentro questa fuga continua, per cercare la verità. Il suo lavoro si disegna come interrogazione entro lo specifico fotografico, paradossalmente proprio addentrandosi nei pericoli di quel bordo spugnoso dove realtà e finzione si rincorrono, si sovrappongono, si distinguono e si confondono.

Al fine, con il mettere il coltello nella "piaga" della fotografia questa mostra conduce alla questione dell'identità.

E d'altra parte tale è il tema dell'identikit. L'identità è quel concetto che oggi, almeno a partire dalla dialettica hegeliana, ha sempre più assunto sul piano ontologico una valenza relazionale. Smarrite le ancore della *sostanza* aristotelica, l'identità naviga tra i flutti della mutazione lontano dai porti sicuri della permanenza. Se così è si tratta di un elemento in continua costruzione, anzi ricostruzione. Per certi aspetti essa è il prodotto di una finzione in quanto esistente non come dato ma come continuo risultato. Afferrabile solo nella vertigine della sua fuga.

È la vertigine a prendere forma in *Identikit I*, al cospetto di nuovi testimoni oculari, o, forse, *oculisti*. Non si può non pensare infatti ai *Témoins oculistes* di duchampiana memoria. "Oculistes": anche qui, lieve scarto della parola che carica di ambiguità il testo. Essi sono dispositivi della problematicità del vedere, e, secondo Octavio Paz, guide per percorrere la strada che separa "from voyeurism to clairvoyance" (Octavio Paz, * *Water writes always in* * plural*). La chiaroveggenza implica una visione "sensitiva", che emancipa il destino dell'immagine spostandolo dalla pelle delle cose allo spessore della loro carne.

Identikit I, nell'applicazione rigorosa della pratica della ricostruzione è un esercizio di "chiaroveggenza" che, attraversando l'architettura con gli strumenti della fotografia, colloca la riflessione sull'identità al crocevia tra verità e verosimiglianza.

Così il cerchio si chiude rivelando in controluce l'identità della fotografia nel suo essere corpo dell'identità, e l'identità nel suo essere corpo della fotografia, sotto lo sguardo attento dei *Témoins*.

Identikit I. Annalisa Sonzogni, riss(e), Varese, 2014

Cinque domande con gli occhi chiusi

Per una conversazione con Elio Franzini

Uno) Per me che faccio un lavoro irriducibilmente attaccato agli occhi è difficile chiuderli.

Ma se **l'orizzonte** è per definizione un *altrove*, la sua qualità sta solo nella possibilità di essere immaginato; non visto, semmai osservato a occhi chiusi, ovvero toccato con una visione.

È per questo che l'etimo della parola ne contiene anche una valenza proiettiva e cioè quella di *prospettiva*?

Due) **La prospettiva**; in un'accezione non traslata riguarda il paesaggio: quell'entità fisico-geografica che si abbraccia con uno sguardo. Ed ecco ancora la "persecuzione dell'occhio", o il "pregiudizio della retina", come diceva Marcel Duchamp. Ma il paesaggio vive fuori dall'occhio, o dentro una sua paralisi, se è vero che non c'è paesaggio senza una linea d'orizzonte. Allora forse il paesaggio è quel "buio", che si identifica con la sua mappa?

Tre) Mi piace sfogliare i dizionari e mi piace leggere che **la mappa**, in una chiave, è la parte sagomata che girando nella toppa fa funzionare la serratura. La mappa è *la chiave della chiave*: è ciò che apre.

Dunque, in senso figurato, è ciò che svela. Penso al concetto di "foglio mondo" in Peirce e alla sua semiosi illimitata. La mappa sarà allora tanto più vera, e dunque tanto più aprirà, quanto più saprà identificarsi continuamente con il suo orizzonte?

Quattro) La mappa presuppone un cambio infinito di prospettive: una successione di *errori* che disegnano una verità; un ritrovarsi per il tramite di un perdersi continuo, come in **un labirinto**.

La mappa, definendosi attraverso una catena di altrove, suggerisce di vivere il luogo anziché guardarlo. E per vivere occorre perdersi? (Di nuovo la necessità degli occhi chiusi; l'ultimo lavoro di Marcel Duchamp, *Étant donnés*, faceva solo la piccolissima concessione di lasciarsi intravvedere attraverso due piccoli spioncini)

Cinque) Se la mappa è un labirinto forse essa ha più a che fare con **il soggetto** che con l'oggetto. E dunque presuppone un'etica: non c'è mappa che non abbia dentro di sé una filosofia dell'universo.

Eppure la mappa è **un documento**; essa esercita un valore testimoniale nei confronti della realtà che rappresenta. Infatti la mappa ideale è quella che si identifica perfettamente con il territorio a cui rimanda. Ma è possibile testimoniare una cosa senza che noi si sia complici dell'osservazione che la testimonianza impone?

E, ancora, il documento che ci aiuta a far luce sui fatti, esiste fuori da un "buio", che non può che essere il nostro buio?

In Alessandro Castiglioni, Barbara De Ponti, *Isolario*, Postmedia Books, 2014

Prière de toucher

Un progetto in conversazione con Giulia Brivio

Ermanno Cristini: Vorrei pensare a un ciclo di mostre dove si mettono in atto pratiche di nascondimento. Questo ciclo si potrebbe intitolare *Prière de toucher*, saccheggiando l'omonimo lavoro di Duchamp, solo che in questo caso si tocca proprio nella misura in cui non si vede. Una sorta di toccare a occhi chiusi, quella qualità che normalmente si rivela nel buio quando il mondo cessa di essere un saputo e si apre alla scoperta.

E la "tetta" duchampiana, il toccare, rimandano alla carne: *Il bagno turco* potrebbe essere il titolo del primo lavoro, in omaggio al più grande pittore della carne, insieme a Bacon.

Giulia Brivio: mi viene in mente anche *Étant donnés*, spiraglio nella porta che mostra la bellezza, Duchamp sembra affermare che c'è sempre qualcosa che nasconde la bellezza, una "barriera" fisica, metafisica o astratta e ciò che è nascosto alla fine sarà un dono. Hai pensato a questo aspetto del dono?

Anche il germoglio è un dono della terra, della natura…

E.C.: Questa storia del nascondere mi intriga da un po', forse da quando un paio d'anni fa ho visitato il museo dell'Art Brut a Losanna e sono "inciampato" nei lavori di Judith Scott, una psicopatica internata per circa 35 anni e che all'età di 44 anni, nel 1968, inizia a fare delle composizioni con oggetti trovati: ventilatori, ombrelli, riviste ecc., che cela accuratamente avvolgendoli con chilometri di fili, elastici, corde. E questa pratica maniacale del nascondere la impegna per un periodo smisurato, molto superiore a quello necessario a realizzare le sue composizioni.

Ciò che resta sono dei grandi ovaloidi, ma in realtà quello che ci sarebbe da vedere è nascosto.

G.B.: Trovo misteriosa la compulsiva necessità di nascondere le proprie creazioni in involucri che diventano essi stessi opere. E penso all'atto del nascondere: è più importante l'azione del nascondere, del coprire, o quello che si nasconde? Quando si nasconde qualcosa quanto lo si vuole svelare?

E.C.: Fare una mostra è *exhibire*, mostrare al di fuori, ma forse si può pensare a una mostra rovesciata, dove le opere esistono per non mostrarsi.

G.B.: È interessante l'idea di una mostra rovesciata, del celare per svelare i meccanismi dell'osservazione.

Un po' come ascoltare il folle per comprendere la verità, ragionare con la follia, vedere con gli occhi chiusi, una conoscenza ottenuta attraverso gli opposti. Ma si può parlare di conoscenza? O forse la conoscenza qui è fuori gioco?

Accade il paradosso, l'assurdo, di creare qualcosa per poi nasconderlo agli occhi di tutti, creare qualcosa, ma impedirne la conoscenza. È diverso da creare e poi immediatamente distruggere? Ci sarà qualche artista che creava per distruggere, non mi viene in mente… ma cercherò… Nessuno potrà conoscere l'oggetto, l'opera, quindi sarà l'atto creativo a essere primario?

E.C.: È una questione che rimanda molto indietro nel tempo dall'*Ars est celare artem* tibulliano via via attraverso l'*Enigme di Isidore Ducasse* di Man Ray o le astensioni di Duchamp, o le linee di Manzoni, o le campiture nascoste di Nina Beier, o…

Forse nascondere è l'essenza del mostrare, proprio come il vuoto è l'essenza del pieno e il silenzio è l'essenza del suono, perché queste "negatività" hanno a che fare con il "nulla" come campo di possibilità, come vuole quella linea che passa da Heidegger a Sartre, in quanto nulla che "colora le cose".

G.B.: Negatività, mi viene in mente, anche nel senso di ombra grazie alla quale si distinguono gli oggetti. E poi ogni oggetto cela, trattiene il colore e quello che vediamo è ciò che si riflette sulla superficie...

Mi sembra che nascondere sia mettere in discussione la fisicità, la fenomenologia dell'opera. Quindi l'artista è presente solo come intenzionalità, come progettatore del nascondiglio, ma non è riconoscibile in quanto autore-creatore dell'opera? (Ancora di più nel tuo caso, perché affiderai le tue opera a un altro artista, a Microcollection).

G.B.: Nascondere è l'essenza del mostrare ed è l'antidoto all'esibizionismo?

Si arriva all'estremo esibizionismo per nascondersi, per mettere una maschera, quindi non esibire è mostrarsi. Banalmente il profilo facebook che esibisce un'identità, in realtà nasconde ciò che si è veramente. Il nascondimento è la caduta della maschera?

Prière de toucher 1, Novella Guerra, Imola, ottobre 2013
in "Bôite" n. 12, estate 2014

VISTA A OSTACOLI

Giulia Brivio: Riprendiamo il discorso iniziato in occasione della tua mostra nascosta a Novella Guerra e percorriamo la strada tortuosa del nascondimento.

Parlavamo di possibilità... Le mostre che hai in programma esplorano diversi nascondigli e modi di nascondere, un telescopio per cercare un oggetto invisibile: impedire oppure ostacolare la vista è come nascondere? È una azione ancora più forte perché è attuata sull'osservatore, non credi?

Ermanno Cristini: Sì, in questo caso il pubblico si reca a vedere l'opera ma l'opera è altrove, in un altro spazio, più o meno dirimpetto, la si può intravvedere tramite un cannocchiale. "Intravvedere", però è una cosa diversa rispetto alla fessura duchampiana di *Étant donnés*. Là è uno stringere il campo della visione fino al limite, qui è piuttosto un allargare fino al limite: si fa ricorso a una protesi, a un qualche cosa che prolunga la capacità di visione e, sola, crea la condizione perché si possa vedere.

È indubbiamente un'azione compiuta sull'osservatore, lo mandiamo da un parte perché veda dall'altra e lo invitiamo a moltiplicare le proprie doti visive. Ma, in linea di principio, esiste un'opera fuori da chi la osserva? Sé è vero che l'opera è un fascio di relazioni tra chi la fa e chi la guarda, sempre l'osservatore è attore al pari dell'autore e gli attori sono essi stessi l'azione, forse rispetto ad essa distinguibili ma non altri.

Inoltre anche in questo caso, come a Novella Guerra, affido a terzi il compito di nascondere. Infatti è di due artisti, Oppy De Bernardo e Aldo Mozzini che lavorano spesso insieme con installazioni molto visibili, la risposta del cannocchiale. Qui, di contro alla presenza "ingombrante" dei loro interventi, li ho invitati a nascondere. Quel dispositivo è la loro opera, la quale prende senso solo in rapporto alla mia opera nascosta, la quale a sua volta funziona da dispositivo nei confronti del lavoro di Aldo e Oppy, in un gioco di rotolamenti quasi circolare. Questa circolarità è sottolineata dallo spazio in cui l'azione si svolge, lo spazio di Something Like This a Firenze. Si tratta di un cortile sul quale si affacciano, su due lati diversi, Something Like This e la casa di Lisa Batacchi, che lo dirige. Il cortile vive nel mezzo di queste due polarità attraverso le quali circola la vita di Lisa nel continuo passaggio dal suo "privato" al suo "pubblico". Di nuovo un rotolamento nel quale scivola, senza soluzione di continuità, il rotolamento di *Prière de toucher*.

Anche se in questo caso si agisce sugli "occhi che guardano", ovvero quelli dello spettatore/interprete, lo si fa per "chiuderli", paradossalmente attraverso l'iperapertura, l'estensione offerta dalla protesi. E torniamo al nostro tema: agire sullo spettatore è una modalità per consumare quella sorta di afasia che si sta ricercando con questo progetto. E in cima a tutto la domanda: ma non è proprio l'afasia lo specifico dell'arte, il silenzio lo specifico della poesia, la quale è come se offrisse il magma del suo senso sotto le parole?

Scrive Paul Celan in *Di soglia in soglia*:
"Dà alla tua parola anche il senso: / dalle l'ombra
(…) Perché dice verità chi dice Ombra".

G.B.: Eppure anche se si tratta di azioni "forzate", secondo me, entra in gioco la libertà, come se nascondere diventasse un atto di liberazione dell'immaginazione. È un aspetto che ti interessa?

E.C.: Se ci pensi bene nascondere è una preoccupazione di cui si nutre la stagione dell'infanzia: nascondersi e nascondere. Il "fare casa", per esempio. Da piccolo "facevo casa" sotto il tavolo da pranzo e non era solo il bisogno di riportare il mondo alla mia misura o il bisogno di ritagliare un mio spazio tracciando una sorta di confine, ma anche la necessità di sottrarmi allo sguardo e di sottrarre allo sguardo quello che facevo. Quello che facevo era, ovviamente, totalmente "inutile", era infatti "gioco". Questo accadeva prima dell'età della scuola, quando si è nella dimensione della pura improduttività. Nell'infanzia *nascondere* e *improduttività* vanno spesso a braccetto. In tale tempo si fa per il piacere di fare e il fare trova la propria finalizzazione solo entro sé stesso. In questa dimensione l'immaginazione è il motore perché questo fare che costituisce una sorta di "dissipazione" consente all'immaginazione di percorrere gli azzardi che il suo statuto le impone, i salti che disegnano la prospettiva di un orizzonte.

Direi allora che nascondere è la condizione di un azzardo, quell'azzardo sulle cui gambe corre l'immaginazione. Ma allora torniamo al punto in cui forse la verità dell'arte sta proprio nella sua capacità di muoversi "nell'ombra", perché è nell'ombra che è possibile l'azzardo, dunque una visione.

G.B.: Nascondere per te è una provocazione?

E.C: Io credo che neppure il silenzio di John Cage nei *4'33"* fosse provocatorio, al di là dei borbottii del pubblico. Ed era quello un caso in cui a un concerto si "nascondeva" la musica.

4'33" non era più provocatorio di quanto non sia provocatorio un Koan. Semmai è spaesante, produce uno scarto, ma la sua funzione in ultima analisi è una funzione diacritica.

Dunque se per provocazione si intende l'azione di una punta sottile che perturba uno stato per determinare un risveglio, allora magari. Ma è la levità dell'azione a fare l'intensità della perturbazione, e il risveglio a connotare la provocazione. Penso che il nascondere si muova entro questo territorio e corrisponda a un bisogno di senso; che sia lo sforzo di affondare nel senso sotto la pelle di una visione tanto ipertrofica quanto insignificante.

G.B.: Robert Rauschenberg cancellò un disegno dell'amico De Kooning nel 1953, nascondendo per sempre l'opera di un altro artista. Tu chiedi ad altri artisti di nascondere i tuoi lavori, di renderli segreti, anche a te stesso. È per la volontà di cancellare ulteriormente la tua autorialità?

E.C.: L'autorialità non è cosa che si cancelli, o meglio l'urgenza di oggi è semmai quella di ripensarla.

Tutto il mio lavoro ha a che fare con la questione dell'autorialità nella misura in cui la gran parte di quello che faccio avviene attraverso il coinvolgimento di altri artisti. L'innescare dei processi di negoziazione del fare mi accompagna sempre nel mio viandare entro il territorio dell'arte. Forse addirittura è la mia opera. La negoziazione non è una rinuncia all'autorialità bensì una sua affermazione fuori da una dimensione rigidamente egologica. Questo vale anche per *Prière de toucher*: alla fine mi piace confondere le acque e creare delle condizioni in cui non si sappia mai bene chi sta facendo cosa e soprattutto dove sia l'opera.

Prière de toucher 2, Something Like This, Firenze, maggio 2014

LA CONDIZIONE DI UN AZZARDO

Ermanno Cristini: Normalmente quando siamo invitati a una mostra ci preoccupiamo di come mostrare il nostro lavoro; nel caso di questa mostra a MARS si tratta di preoccuparsi di come nasconderlo, magari presentando anche cose molto visibili ma che in realtà servono solo a nascondere un'opera che non si vede.

Giulia Brivio: Dopo quasi 60 anni dalla mostra parigina *Le vide* di Yves Klein (1958), una mostra "piena". Klein espone l'aria della galleria, l'opera diventa invisibile, nascosta nell'aria stessa e dentro ai polmoni di tutti i visitatori. L'opera si allontana tanto dalla matericità e finisce per essere presente ovunque, nello spazio circoscritto dall'artista. Quindi ancora una volta nascondere è una forma di presenza forte e persistente. Ma come risponde un artista a cui chiedi di non mostrare la sua opera?

E.C.: In genere con molto entusiasmo, anzitutto perché si tratta di cavalcare una contraddizione accettando una sfida. E non c'è fare artistico senza sfida: essa è l'unica condizione per avventurarsi nei territori dell'ignoto e dunque per restituire all'arte la sua valenza conoscitiva. Dunque: nascondere per scoprire, per sapere, in questo caso.

G.B.: Quando Piero Manzoni nasconde la *Merda d'Artista* (1961) o la *Linea lunga 7200 metri* (1960), l'aspetto provocatorio è predominante. In questo caso però, come già dicevamo, non c'è nessuna esigenza e nessuna intenzione di provocare o stupire, credo sia piuttosto una ricerca sulle possibili "vite" dell'opera, come se esibirla coperta da veli possa mostrare le sue altre facce o nuove prospettive di lettura. Può essere anche una rinuncia all'opera, all'oggetto, alla visione?

E.C.: Direi di no, quanto piuttosto un tentativo per la restituzione dei valori di ogni termine: l'opera, l'oggetto, la visione. Tutti elementi di un processo vitale entro cui e solo entro cui essi prendono senso uno dopo l'altro, fuori dalle mitologie vocianti che spesso li avvolgono e in una dimensione la cui materia è relazionale.

G.B.: Ti chiedi se è possibile toccare ciò che non si vede. Molto spesso, quasi sempre, non tocchiamo ciò che vediamo, forse questa inversione è utile per amplificare la nostra percezione sensoriale. Nascondere forzatamente può suscitare la voglia di toccare ciò che non si vede.

E.C.: Sì, se per "toccare" si intende quella conoscenza della realtà che è mentale e corporea a un tempo e che avviene fuori o oltre gli schemi delle nostre codifiche. Insomma, quella conoscenza che ci torna a far vedere le cose come "non saputo".

G.B.: Nel 2012 la Hayward Gallery di Londra inaugurava la mostra *Invisible: Art about the Unseen,* tra qualche giorno ad Amsterdam apre *The Unseen Photo Fair,* terminata l'era del luminoso white cube che monumentalizzava le opere ci si avvia verso il buio dell'invisibile e del nascosto?

E.C.: Credo che sia un passaggio obbligato; penso che la nostra epoca, in senso generale, dovrà essere per forza di cose un'epoca rifondativa e ogni rifondazione comporta una sorta di "grado zero", un bisogno di "fondamentali", e dunque, nello specifico, un bisogno di "buio" e di "silenzio".

Prière de toucher 3, MARS, Milano, ottobre 2014

UNA MAPPA SENZA NORD

Ermanno Cristini: In questa quarta tappa di *Prière de toucher* la mia preoccupazione è indicare, per nascondere.

È questo il senso della coppia di bussole che si contraddicono nella loro valenza indicale.

Giulia Brivio: Quindi torna a esserci un autore? Forse c'è sempre stato? Questa volta hai scelto di indicare, di assumere un ruolo decisivo nella realizzazione dell'opera. Indicare cosa vedere, cosa cercare, cosa è nascosto, implica una direzione precisa data all'immaginazione dell'osservatore.

E.C.: L'occasione mi è offerta dal nuovo lavoro di Umberto Cavenago, *L'alcòva d'acciaio*, realizzata per essere nascosta in un piccolo bosco delle Langhe. Non solo l'alcòva è dissimulata nel bosco ma il bosco è ripiantumato, quindi sulla prospettiva essa è destinata a essere sempre più nascosta. Difficile da trovare, in barba alla sua elefantiasi: ci vuole la mappa.

Dunque si aprono due questioni: una prima riguarda una evidenza che si offre celandosi mentre una seconda questione riguarda l'indicare come modalità del nascondimento.

G.B.: "... mi ritrovai per una selva oscura, ché la diritta via era smarrita..."

Il bosco ha profonde radici in letteratura, è un luogo in cui ci si perde, si perde il senno, ci si rincorre, si è vittima di incantesimi nelle notti di mezz'estate, tutte azioni che mi piace ricollegare al nascondimento. Sono fasi di transizione, di passaggio, di complessità che, nella maggior parte dei casi, finiscono con il districarsi e finalmente si vede la luce.

E.C.: L'alcòva d'acciaio misura poco più di quattro metri per due, alta quasi quattro e pesa circa cinque tonnellate. Sottratta allo sguardo, è come se essa realizzasse una strategia dell'eccesso per fare silenzio. "È sempre in un rifiuto della visione diretta che sta la forza di Perseo", notava Calvino nelle *Lezioni americane*, e qui accade più o meno la stessa cosa. La forza è funzione inversa della visibilità.

Perché, "svuotato", lo sguardo si riappropria di una dimensione conoscitiva che invece il "pieno" dell'occhio nega. L'alcòva è un caso macroscopico di esibizione nella sottrazione.

G.B.: Sottrarre, portare via dallo sguardo, mi fa pensare a un'azione di privazione che non associo immediatamente al nascondere. Nascondere potrebbe essere la scelta di non aggiungere allo sguardo? La forza potrebbe essere nell'invisibile, senza che ci sia stato precedentemente un visibile?

E.C.: Si tratta di una visibilità suo malgrado, data dal suo stesso esistere e che, collocata nel bosco, si nega allo sguardo, quindi, appunto, non si aggiunge.

Questo mi fa anche pensare, fatte le debite proporzioni naturalmente, ad *Amauroto*, la capitale di *Utopia*. La città esiste, ben tracciata e perfettamente organizzata in tutta la sua evidenza, ma il suo nome significa città nascosta. E se stesse proprio nel suo nome la sua verità?

Inoltre per sottrarsi l'alcòva cavalca un paradosso: ricorre a una mappa.

La mappa è una guida e anche, in una chiave, è la parte sagomata che girando la toppa fa funzionare la serratura. La mappa è *la chiave della chiave*: è ciò che apre, ovvero è ciò che svela. Ma qui è come se la porta si aprisse su un buio e la mappa agisse da mappa muta.

È una contraddizione in termini la mappa muta, eppure forse e proprio per questo essa è la quintessenza della mappa: trattenendosi, si apre a un orizzonte come campo di possibilità attribuendo all'indicare quella trascendenza che gli deriva dal puntare a un altrove continuo.

G.B.: La mappa è legata al viaggio, implica una ricerca territoriale o temporale o mentale, la meta diventa l'oggetto del desiderio e il percorso per raggiungerlo si carica di aspettative, amplifica la forze del nascondimento. Nascondere diventa quasi un gioco, ciò che è nascosto si proietta nella nostra immaginazione come un tesoro. Un'azione giocosa e leggera se vogliamo tornare alle lezioni di Calvino.

E.C.: Proprio quella leggerezza è il luogo dove sta l'alcòva con tutta l'evidenza del suo esserci e, per assurdo, di un esserci che è tale tanto più quanto più perde di peso e di dimensioni occultato dal bosco, ed eletto a referente di una mappa muta. È importante seguirla, la mappa, ma unicamente per perdersi nell'abbraccio a una meta sottratta, come se crollassero improvvisamente le certezze cardinali che fanno da guida.

Tanto che all'interno de l'alcòva, poi, trova collocazione un'altra mappa: la mappa temporale di Barbara De Ponti. Non ha geografie e si può appena intravvedere, con gli occhi appoggiati al piano di calpestio a 170 cm da terra e confusa dalla natura riflettente della sua materia.

Un lavoro che si nasconde contiene un altro lavoro che si nasconde e il mio indicare si riferisce a cose che ci sono non essendoci.

Prière de toucher 4, coordinate 44°35'57.6"N, 8°18'07.9"E, ottobre 2015

VISIONI CANGIANTI E INFRASOTTILE

Giulia Brivio: In natura la mimetizzazione è una azione di sopravvivenza, gli animali più deboli la utilizzano per avvantaggiarsi sui
pericolosi predatori, assumendo le sembianze di organismi tossi-
ci e indesiderabili oppure dell'ambiente circostante, in modo da
scomparire. Alcuni fiori si mimetizzano per attirare gli impolli-
natori. Ci sono sempre questioni vitali alla base della mimetizzazione.

Quindi l'arte può avere l'esigenza di mimetizzarsi per salvarsi
dai predatori voraci di ciò che è "appariscente"? Mimetizzarsi per
salvarsi da una contemplazione troppo frettolosa e superficiale?

Ermanno Cristini: Da sempre l'arte ha cercato la strada di ciò
che non è immediatamente visibile proprio perché il suo compito
è quello di problematizzare le cose, non di banalizzarle. Anche per
l'arte è una questione vitale, e in ragione di ciò l'arte è una questione vitale per l'uomo. Se il suo compito è quello di contribuire
a creare "visioni", una "visione" è, paradossalmente, il prodotto
del "buio" che crea quella domanda capace di vivere e rinnovarsi
costantemente nel dubbio da cui si origina, aprendosi alla risposta come campo di possibilità, opportunità e non certezza.

Parlando di opere, ad esempio, mi viene in mente *Las meninas*:
il soggetto non è forse mimetizzato, fuori dal quadro, nascosto
dietro i soggetti "plausibili" che stanno all'interno del quadro?
Ma anche, saltando nel tempo, Alighiero Boetti con il suo sdop-
piamento dell'identità. Si pensi a *Gemelli* o all'*Autoritratto in
negativo*, esposto da Toselli a Milano nel '68 mimetizzato in un
greto di ciottoli di fiume identici a quello con cui è stato realizzato. Alla mimetizzazione dell'autore nel soggetto, e viceversa, si
aggiunge quella dell'opera nel suo contesto. E così via.

G.B.: Il rapporto tra arte e realtà è sempre attuale e complesso.
Cosa accada quando l'arte vuole assumere le esatte sembianze del-

la realtà, mimetizzandosi con essa? Diventa una realtà stratificata di significati oppure l'arte scompare sconfitta da ciò che è reale e contingente?

E.C.: Il processo di mimetizzazione, nella sua ideale confusione con la realtà, in verità ne stabilisce comunque e sempre una distanza. È la distanza dello spessore critico, quello scarto, spesso sottilissimo, che consente un'adesione al reale in termini di conoscenza. In altre parole, io conosco nella misura in cui aderendo alle linee dell'oggetto della mia osservazione scopro progressivamente le linee della mia alterità. Mi piacerebbe dire, a proposito della mimetizzazione, che l'intensità dello scarto è inversamente proporzionale alla distanza dell'aspetto, ovvero essa sta nello spessore dell'*ultrasottile* duchampiano. Così si stratifica il senso sfuggendo alla sconfitta da parte del contingente.

Credo che proprio il ready-made sia il caso più significativo al proposito: l'"orinatoio" non è un orinatoio proprio per il fatto di esserlo; lo scarto si situa nell'ultrasottile.

G.B.: La mimetizzazione prevede un cambiamento d'aspetto, può avvenire indossando una maschera o mutando il colore della pelle, quindi l'opera che si mimetizza si nasconde dietro a un velo fatto della stessa texture della soffitta. Il lavoro diventa quindi mutevole? È in divenire mentre indossa un nuovo "costume"?

E.C.: È in divenire il soggetto di Velázquez mimetizzato fuori dal quadro? Evidentemente sì, anzitutto per il dubbio che contiene relativamente alla sua identità: la coppia di coniugi o l'autore? Questo sfarfallio di "figure" produce un sistema cangiante, che si può cogliere solo nel suo permanente sfuggire.

Dunque, nascondimento, mimetizzazione, rimandano alla necessità per l'opera di darsi come sistema mutevole anche nella consapevolezza del fatto che non ci sono altre strade per dar forma ad una realtà fatta di movimento.

G.B.: Si tratta di un nascondimento momentaneo, che accade solo nel momento di necessità? Nell'attimo di durata della mostra?

E.C.: Come in natura la vocazione mimetica è, come dire, "ontologica", si tratta qui di opere il cui statuto presuppone tale attitudine, e non come accadimento momentaneo dovuto alle circostanze. Probabilmente anche perché esse considerano imprescindibile il momento della "messa in mostra", quale condizione costitutiva. Allora ingannare la vista diventa l'elemento qualificante della forma.

G.B.: Il luogo scelto, la soffitta, non è solo il teatro dove si mette in scena la mimetizzazione, è anche uno spazio della casa nascosto e dove si nascondono gli oggetti inutilizzati. Questa scelta amplifica il senso del nascondimento. L'opera d'arte esposta/celata ai margini della sfera privata, un'opera forse che sceglie di emarginarsi. Può esserci una volontà di isolamento, di separazione dal sistema dell'arte che predilige piedistalli, luci puntate e saloni cerimoniali?

E.C.: Tutta la storia dell'arte, almeno quella in epoca moderna a partire dal *Salon des Refusés* è fatta del tentativo di praticare alternative ai percorsi istituzionali, e quindi, in qualche modo, di farsi da parte.

Ma il tema del nascondimento assume via via significanza con l'esasperarsi delle modalità dell'industria culturale, la cui necessità è, fin dalle origini, l'opulenza, il sovraccarico, l'eccesso di visibilità e di rumore. L'evoluzione tecnologica ha ulteriormente esasperato tale tendenza. E il sistema dell'arte ne è parte attiva.

L'invito duchampiano alla sospensione del fare e alla invisibilità del prodotto assume sempre più un valore profetico: "Datevi alla macchia, non fate sapere a nessuno che state lavorando".

La soffitta è il luogo ideale dove darsi alla macchia e forse ritrovare la capacità di vedere e di conseguenza di pensare, come in una sorta di capanna di Skjolden.

Prière de toucher 5, Spazio C.O.S.M.O., Milano, maggio 2016
Prière de toucher 6, Fondazione Bandera per l'Arte, Busto Arsizio, maggio 2018

L'attitudine di Nanà

1962: Nanà, la protagonista di *Questa è la mia vita*[1] di Jean-Luc Godard inizia a prostituirsi per caso e con la stessa innocenza si ritrova in un caffè a parlare di filosofia con uno sconosciuto, ponendosi domande sull'amore, sulla vita, sulla felicità.

1961: Catherine, la protagonista di *Jules e Jim*[2] di Truffaut si pone le stesse domande percorrendo una tragica ricerca del sé che scuote il modello su cui questi valori poggiano entro il terreno franoso del buon senso comune.

Godard, nella sua reinvenzione radicale del linguaggio cinematografico, quasi alla fine del film mostra una fila di persone davanti a un locale cinematografico dove proiettano, appunto, il film di Truffaut. Con questa citazione pressoché in tempo reale si chiude il cerchio di un approccio che contraddistingue un'intera stagione, da cui ormai ci separano cinquant'anni, e nella quale anzitutto è ripensato il ruolo dell'individuo in quanto definito nei suoi rapporti con l'altro.

È il senso dell'essere con l'altro il "sapore" del momento in cui culminano gli anni sessanta. Una ricerca di riattribuzione di senso che non risparmia nulla della società; come si diceva allora: la sua struttura quanto la sua sovrastruttura, all'insegna di quelli che forse furono due dei più fortunati slogan del maggio francese:

1) Jean-Luc Godard, *Vivre sa vie*, 1962.
2) François Truffaut, *Jules et Jim*, 1961.

94

"Il est interdit d'interdire!" (Vietato vietare) e "Soyez réalistes, demandez l'impossible!" (Siate realisti, chiedete l'impossibile).

1962: L'opera d'arte si sgretola, come la narrazione di Godard, in un reticolo relazionale di cui Umberto Eco in *Opera aperta*[3] ci parla imponendoci una ridefinizione di quel triangolo che unisce l'autore, l'opera, il pubblico. È come se la figura di Catherine spuntasse in un ménage à trois a segnare una crisi definitiva delle gerarchie e con esse l'inizio di un viaggio verso una ridefinizione in profondità dell'opera d'arte, emancipata dall'oggetto e proiettata a diventare processo, metafora della vita facendosi essa stessa vita: l'"attitudine" di cui più tardi parlerà Harald Szeemann.

Forse non è un caso che oggi qualcuno abbia sentito il bisogno di riproporre la famosa mostra di Szeemann a Berna, del 1969, *When attitudes become form*[4], che ha segnato un'epoca.

E, in fondo, quando l'attitudine diventa forma, in controluce traspaiono i discorsi di Nanà che, al di là dell'apparente vacuità, riguardano i valori fondativi dell'esistenza.

La mostra allestita a Venezia a Ca' Corner della Regina dalla Fondazione Prada, in occasione della 55ª Biennale, che ripropone la mostra bernese del '69, ci sbatte in faccia improvvisamente i "cinquant'anni fa", e si può leggere come uno dei segnali forti di una contemporaneità alla ricerca di senso. Senso del fare come forma di un senso dell'essere, e viceversa; oggi questo sembra quasi accadere in arte prima ancora che nella dimensione culturale più generale.

L'identità arte-vita è certamente uno degli elementi portanti delle poetiche della fine degli anni sessanta: una ripresa della lezione duchampiana che abbandona totalmente l'idea di un fare

---

3) Umberto Eco, *Opera aperta*, Milano, 1962.
4) *When attitudes become form*, a cura di Harald Szeemann, Kunsthalle Bern, 1969.

artistico separato dalla vita. Oggetti che, laddove ci sono, sono solo catalizzatori di processi vitali, strumenti di un fare che nel momento in cui celebra il protagonismo di materie inusuali, prive di dignità artistica, in pari tempo ne fa le parole di un discorso in cui prendono senso soprattutto gli spazi tra e sotto le parole. È come se attraverso il grasso animale beuysiano si affermasse la *Struttura assente*[5] di Umberto Eco, che è anch'essa del 1968. Quello che conta è "quello che non si vede". Anche la materia da questo punto di vista assume nuove connotazioni e si fa tramite, con la sua tangibilità, di un'intangibilità, quella dell'energia che la costituisce.

Si assiste a un processo marcato di riduzione, dove le materie dell'arte tendono sempre più a identificarsi con quelle primigenie: i materiali organici e il corpo anzitutto.

Alla mostra di Berna Bruce Nauman presenta *Self Portrait as a Fountain*[6], del 1966. Si tratta di un autoritratto fotografico in cui Nauman sputa una striscia d'acqua dalla bocca a disegnare il getto di una fontana. Il riferimento all'arcinoto lavoro di Duchamp è evidente, a marcare la linea di continuità, ma quello che qui interessa soprattutto è che l'opera è fatta con il corpo dell'artista che si "exhibisce" non solo come corpo nudo ma attraverso il suo principale elemento costitutivo, in presenza di vita: l'acqua. È una sorta di nudità al quadrato; una riduzione estrema della materia dell'opera che va a sovrapporsi alla "materia dell'artista", colta addirittura nella sua "chimica" vitale.

Nello stesso anno, il 1966, Michelangelo Pistoletto realizza gli *Oggetti in meno*. Gli Oggetti in meno sono un tentativo di aderire alla contingenza entro una nozione fluida del tempo. Ma di conseguenza sono la risposta a una necessità di riduzione del fare artistico a una estrema "economia della necessità". Fuori dallo stile,

---

5) Umberto Eco, *La struttura assente*, Milano, 1968.
6) Bruce Nauman, *Self Portrait as a Fountain*, stampa fotografica su carta, 1966.

gli *Oggetti in meno* praticano una "messa in forma"[7] in cui l'opera emancipandosi dall'oggetto si emancipa anche dalla costrizione a rappresentare. "A differenza dei quadri specchianti, le mie cose di oggi non rappresentano ma *sono*"[8], scrive Michelangelo Pistoletto. E così facendo, di nuovo, l'opera si identifica con la vita.

Nel 1969, tre anni dopo gli Oggetti in meno e un mese prima della mostra di Szeemann a Berna, Fabio Sargentini, a Roma, ospita nella nuova sede de L'Attico, un garage di Piazza Beccaria, i cavalli di Kounellis[9]. La mostra sono i cavalli, vivi. Ancora, un'opera che è e che essendo ci parla della vita e della sua energia come senso ultimo delle cose.

Ma l'esperienza de L'Attico di Fabio Sargentini si chiuderà, quasi dieci anni più tardi, nel giugno del 1976, con l'allagamento de L'Attico[10]. Ancora è l'acqua ad essere protagonista.

D'altra parte l'acqua è la condizione stessa della vita, è un *archè*, da cui com'è noto nasce, secondo Talete di Mileto, la filosofia, infatti: "Non l'uomo bensì l'acqua è la realtà delle cose."

Da questo punto di vista, alla fine, i discorsi di Nanà in particolare "ci parlano dell'acqua" e così facendo magari ci suggeriscono che l'ombra lunga di "cinquant'anni fa", anziché celebrare il ritorno dei fantasmi, può restituirci un'attenzione per gli archè, tale per cui il guardare indietro può costituire l'alimento di un nuovo guardare in avanti. Si tratta di una sorta di sguardo "strabico" che naturalmente presuppone una disposizione a considerare che la presa nella contemporaneità, anche per l'arte come per il pensiero, è tanto più efficace quanto più sa nutrirsi di quello scostamento temporale che consente di guardare al presente senza affogare nell'attualità.

---

7) Per il concetto di "messa in forma" cfr. Luigi Pareyson, *Estetica. Teoria della formatività*, Torino, 1954, da cui muove Umberto Eco per la sua elaborazione teorica successiva.

8) Michelangelo Pistoletto, *Oggetti in meno*, 1966.

9) Jannis Kounellis, *Dodici cavalli*, 1969.

10) Luca Massimo Barbero, Francesca Pola (a cura di), *L'attico di Fabio Sargentini 1966-1978*, Roma, 2010.

E tale scostamento, tra l'altro, oggi potrebbe garantire che la risposta alla necessità di rilevanza politica per l'arte non si collochi fuori da un rapporto di proporzionalità diretta alla qualità estetica.

Dunque, una domanda: si può ritrovare nell'"attitudine" il capo di un filo che la realtà ci impone sempre più di tirare? E può essere l'"attitudine", proprio per la sua dimensione archetipica, il termine di confronto sulla via della forma entro una rifondazione del fare artistico in presa frontale con la realtà? E può questa presa per trovare valenza etica ed efficacia rifondativa cercare nella trasparenza della forma il senso dei discorsi di Nanà?

In altre parole è come interrogarsi sulla potenzialità euristica oggi dell'"eresia" che ha ispirato i "cinquant'anni fa".

In *Voglia di '68?*, "UnDo.Net", novembre 2013

Terremoti

Corrado Levi, presentando il suo ultimo libro (*Soggettività Opere Luoghi*, edito da et al.), parla della vita come di un insieme di frammenti, ognuno all'insegna dell'instabilità. È un concetto questo che spesso emerge anche dalle parole degli artisti intervistati da Concetta Modica nel libro *In pasto al presente*, edito da a+mbookstore, che è stato presentato appena prima.

In fondo sono due voci che ci raccontano dell'identità tra arte e vita e della necessità per l'arte di alimentarsi dei terremoti della vita. È bello sentirlo in un contesto di prodotti, e dunque è bello sentirlo nonostante la fiera.

In *Artissima 20, again*, "UnDo.Net", novembre 2013

Fessure

Oggetto: FW: Museo Cerro Data: giovedì 22 novembre 2012 19.18
Da: ERMANNO CRISTINI <cristini.reset@libero. it> A: SAMUE-LE MENIN <samuele@flashartonline. com>, LUCA SCARABELLI <lucascarabelli@gmail. com> Conversazione: Museo Cerro

Ciao a entrambi. Vi trasmetto la pianta del museo e la descrizione delle singole sale. Allego anche la foto della facciata. La collezione del museo è schedata e consultabile al seguente link (per la soddisfazione dei topi d'archivio!): http://www.lombardiabeniculturali.it/opere-arte/ istituti/33. Vi giro anche i miei appunti relativi al tema e alla struttura che potrebbe avere la mostra.

La prima cosa che ho pensato a proposito di questo museo è che appunto è un museo: un piano ordinante che scansionando il tempo "forma" lo spazio. Storia, archivio, classificazione, vetrine, display: i segmenti estratti da una linea continua; elementi discreti che scompongono un flusso. Questa scomposizione è una sorta di "rigidità" nell'ordine delle cose; una struttura, probabilmente necessaria alla conoscenza come tutte le strutture, ma solo nella consapevolezza della propria inadeguatezza. Poi è un museo della ceramica: la "Civica Raccolta di Terraglia" che trova spazio al MIDeC connota in modo marcato le qualità spaziali e "narrative" di questo museo. La ceramica mi fa pensare prima di tutto alla fragilità. La fragilità in senso proprio è l'attitudine a spezzarsi, in senso figurato è il delicato, il gracile, il precario. Insomma è una materia che per sua natura si apre alla fessura. Il suo fessurarsi ne marca la sua debolezza. O la sua forza?

Dunque questo spazio è il luogo di un "ordine fragile". Attraversato dalla fessura si stende intorno a una domanda: perché le cose materiali si spezzano? Così si domandava anche Aristotele. Ma c'è un luogo temporale e spaziale, immediatamente prima dello spezzarsi, del collasso della materia, in cui si vive uno stato di sospensione, di respiro trattenuto; l'istante in cui sta per perdersi la "firmitas" ma ancora non si apre il crollo. Forse potremmo costruire la mostra proprio intorno a questa condizione, che per certi aspetti è il luogo in cui si manifesta un campo di possibilità. Una mostra che si articoli tra le collezioni del museo assumendole a pretesto per una riflessione intorno ai temi della fragilità come risorsa. In questo senso penso a una mostra "sottrattiva", fatta di presenze discrete, che disegni un percorso nei percorsi della collezione fatto di elementi da scoprire piano piano, attraverso una sorta di "sguardo secondo".

Fessure, a cura di Ermanno Cristini, Samuele Menin, Luca Scarabelli, MIDeC, International Museum of Ceramic Design, Cerro di Laveno, 2013

Tangenti equatoriali incerte

Quando si appoggia su un universo tangente, il risultato sarà inaspettato. È difficile immaginare la coincidenza dei punti se non in forma di pensiero intermittente. Appena si ha l'illusione di afferrarla essa sfugge, non si sa verso cosa. La tangente è un'idea scivolosa. Lo sapeva bene Alice rotolando nel cunicolo spazio-temporale, dove anche la certezza della linea dell'equatore vacilla in un bordo sfumato, che ci aiuta a definire un sopra e un sotto, un prima e un poi, sapendo però che tutti i sopra sono sotto come tutti i prima sono poi. Dunque.

Una personale. Yari Miele, Milano, 2013

Intervista per Concetta Modica

(trascritta direttamente dal parlato senza correzioni e segni di interpunzione)

C'è stata tutta una generazione un po' dimenticata Arienti forse è l'unico a cui non è successo
il mio amico Antonio Catelani ne è un esempio significativo ha partecipato alla Biennale di Venezia era una "star" e nonostante il suo successo e il suo lavoro di grande qualità non è seguito da adeguate gallerie internazionali
credo che rientri in parte proprio in quelle che sono le logiche di un mercato che ti stritola
un mercato che per come si è definito negli ultimi 30 anni è un mercato che punta moltissimo sulle mode quindi punta su una generazione e la costruisce e inevitabilmente la brucia
gli artisti che ora hanno 50 anni o sono riusciti in qualche modo a garantirsi un lavoro e una posizione molto forte dentro il mercato o diversamente sono bruciati
credo che sia un meccanismo che risale fondamentalmente agli anni 60
l'ha inventato Leo Castelli ma si è esasperato negli ultimi 20-30 anni
in più io credo che sia un destino questo che tocca soprattutto agli artisti italiani perché le gallerie italiane non hanno mai e non hanno a oggi una visione internazionale
gli artisti italiani in Europa sono conosciuti pochissimo mentre invece in Germania, in Inghilterra accade diversamente gallerie come la Neu di Berlino per esempio sono gallerie capaci di fare in modo che i loro artisti entrino in un circuito quanto meno

europeo, se non mondiale

le gallerie italiane… De Carlo importa dall'estero Marconi alla fine non è riuscito mai a portar fuori dall'Italia neanche i suoi artisti storici perché a parte Adami che però si è messo a lavorare con Marlborough tutti gli altri

Tadini chi lo conosce in Europa? Del Pezzo ha fatto una pessima fine, ecc.

quelle che adesso sono giovani appena si stagionano un po' diventano succursali di gallerie straniere

quindi credo proprio che ci sia quel problema

dal punto di vista del funzionamento del mercato

il mio inizio si deve a un innamoramento e tutta la mia storia artistica è un innamoramento ed è strettamente legata alla storia dei miei innamoramenti a partire dalla scelta di fare il liceo artistico che si è dovuta a un colpo di fulmine

poi c'è stato un secondo innamoramento

io per caso abitavo vicino Villa Panza e di conseguenza ne conoscevo il custode per cui quando facevo i primi anni di Liceo Artistico a 14-15 anni ogni tanto entravo a Villa Panza e stavano arrivando le prime cose di Rauschenberg dagli Stati Uniti che parlo del '66-67 aveva già vinto la Biennale di Venezia

ma il conte Panza aveva cominciato a collezionare prima Rauschenberg quindi queste cose dagli Stati Uniti arrivavano in quegli anni e quello fu veramente un innamoramento assoluto e totale

passavo i miei pomeriggio davanti a queste cose fatte con i rottami e poi andavo a casa a farle a mia volta infatti feci una prima mostra che avevo 16 anni in cui c'erano delle volgarissime imitazioni delle cose di Rauschenberg

e quell'innamoramento era strettamente intrecciato all'innamoramento per una ragazza forse il vero primo amore diviso equamente tra l'arte e la vita

e niente quindi la vicenda è un po' cominciata cosi poi una volta che mi son diplomato mi sono iscritto ad Architettura perché ci insegnava Umberto Eco

è stata l'unica ragione per cui mi sono iscritto ad architettura al Politecnico a Milano

e poi per caso in conseguenza a un altro innamoramento

una donna che avevo conosciuto allora che conosceva Bruno Munari

entrai in contatto con Bruno Munari intorno ai 21-22 anni

avevo iniziato a lavorare con Munari per cui c'era tutta la tematica del rapporto con il design che in quegli anni

stiamo parlando del 70-71 insomma pieno periodo sessantottesco

era molto sentita la questione della ridefinizione della figura dell'artista e quindi in qualche modo la tematica del design cioè di un'arte non sacralizzata

era estremamente affascinante

la frequentazione poi della persona Munari fu un altro innamoramento

nel senso che era un uomo capace di vivere creativamente ogni gesto

completamente fuori dagli schemi

e quindi ci fu una lunga frequentazione

avevo cominciato a occuparmi di libri per l'infanzia all'inizio fu proprio un po' quello

avevo smesso di fare le mostre nel senso stretto del termine e avevo cominciato a occuparmi di quello e avevo pubblicato diverse cose in Italia

allora c'era una casa editrice storica che era la Emme Edizioni che faceva questi libri sperimentali con Munari con Iela ed Enzo Mari e avevo pubblicato due o tre cose li e poi con un editore tedesco e in Inghilterra e negli Stati Uniti

poi verso la fine degli anni 70 avevo ricominciato invece a occuparmi diciamo di arte nel senso stretto del termine ed è un po' stato lì che ha cominciato a farsi strada questa tematica del rapporto tra materia fisica e immagine erano gli anni in cui c'era da un lato tutto un recupero della tematica legata all'illustrazione all'immagine

Marconi stava lanciando Aldo Spoldi e erano gli anni in cui in qualche modo ci si cimentava di nuovo con un bisogno di ricchezza estetica

Inga Pin stava iniziando a lavorare con i Nuovi Futuristi

la pittura con la Transavanguardia era ormai affermata ma questa è una cosa che non mi ha mai interessato l'ho sempre trovato un fenomeno di retroguardia

avevo cominciato a fare delle cose ad avere rapporti un po' con Marconi

e un po' con Inga Pin e dopo di che mi ha spaventato moltissimo il meccanismo delle gallerie nel senso che ho avuto la chiara percezione che le gallerie fossero delle imprese poi per l'amor di Dio non era una grande scoperta ma delle imprese proprio nella loro forma più estrema

detto questo Giorgio Marconi era un uomo con delle grandi intuizioni però il discorso di Marconi era tu mi devi dare 100 pezzi all'anno perché altrimenti qui non guadagna nessuno quella era la logica

Inga Pin era un po' più sfumato io credo sia stato un grossissimo talent scout con un ruolo indiscusso per tutte le esperienze legate alla Body Art per esempio e non solo

però lui ha creduto con la vicenda del Nuovo Futurismo di poter ripetere in parte l'operazione di marketing che avevano fatto con la Transavanguardia cioè costruire un fenomeno artistico a tavolino

e quindi entrava nel merito del lavoro degli artisti

io facevo le mie prime cose in pongo e lui mi diceva devono essere più fredde

perché altrimenti non siamo dentro questo filone

quindi questa cosa mi ha davvero spaventato e in fondo mi sono detto che se dovevo fare un lavoro allora tanto valeva che fosse un lavoro dichiaratamente tale ed ho iniziato a fare delle collaborazioni pubblicitarie

è un discorso di puro meretricio l'ho sempre detto

il pubblicitario è una sorta di prostituta metto a disposizione il mio cervello

mi pagano punto e chiuso

e per anni sono andato avanti a fare quello per finanziare il mio lavoro artistico

erano gli anni 80 c'erano le prime televisioni private la pubblicità era in grande espansione era molto facile lavorarci e io in genere sono un uomo fortunato

sono riuscito a entrare dalla porta principale ho lavorato subito per grosse imprese nazionali e internazionali e mi sono tenuto il lavoro di ricerca proprio come lavoro di ricerca ingenuamente pensando

me lo finanzio e lavoro solo con gli enti pubblici in effetti ho cominciato a fare le prime mostre come Ephemera nel 87 a Palazzo dei Diamanti a Ferrara e da lì una serie di altre mostre

ma centellinandole una mostra ogni 5 anni sostanzialmente

e questo fino al 2007 poi nel 2007 mi sono stufato della pubblicità e ho deciso di occuparmi solo ed esclusivamente di ricerca artistica ed è nato questo progetto Roaming che è partito senza la minima chance

Roaming raccoglie in sostanza il lavoro che ho fatto nell'arco di 20 anni

questo tema c'è sempre stato nel mio lavoro e bisognava proprio che io mi concentrassi totalmente su quello allora la cosa poteva partire

tutti mi dicevano che ero matto nel senso che io non avevo rapporti diretti e profondi con il mondo dell'arte

non c'era una lira alle spalle quindi la prima mostra di Roaming che facemmo a Barasso

unicamente perché quello spazio ci sembrava adatto per fare quella operazione pensavo che non avrebbe avuto nessun seguito particolare poi sono andato da Elena Quarestani ad Assab One

io non conoscevo personalmente Elena me l'hanno indicata ma sapevo del suo lavoro con Assab One

le ho telefonato avevo solo questa mostra di Barasso non ancora fatta perché la stavamo preparando le spiegai il progetto era molto perplessa

poi a un certo punto mi disse mah sarò matta ma proviamo

ci ha creduto e dato fiducia, ed è stata la prima

e devo dire che la cosa che abbiamo fatto ad Assab One è stata quella che ci ha permesso di mettere a fuoco il progetto e poi ci ha aperto un sacco di porte

immediatamente dopo il museo di San Denis a Parigi ci ha chiesto di fare una mostra lì e poi da quel momento Roaming ha iniziato a circolare per davvero

Roaming raccoglie un percorso di lavoro molto lungo ma in quanto tale è partito per caso mosso ancora da una sorta di innamoramento

nel senso di sfioramento con un'altra persona sfioramento di sensazioni una condivisione del sentire

così ho cominciato a fare le farfalle di carta per caso come occupazione a quattro mani di un tempo che si stira

e la farfalla dura un giorno quindi è la metafora di Roaming insomma le cose poi si sono incrociate

dall'altro lato c'era il bisogno da parte mia di superare l'idea tradizionale di lavoro artistico io credo molto nell'aspetto relazionale dell'arte e nell'aspetto relazionale del fare artistico quindi come momento di confronto con gli altri artisti

e Roaming nella forma che ha oggi si è poi definito nel confronto tra me e Luca Scarabelli con il coinvolgimento di Alessandro Castiglioni

anche lì io e Luca pensavamo a un supporto critico molto più autorevole Elio Grazioli per esempio perché il pensiero di Grazioli era vicino per certi aspetti alle tematiche di Roaming poi però mi son detto perché non coinvolgere un giovanissimo

per caso avevo conosciuto Alessandro e l'ho invitato da me gli
ho parlato di questa cosa e lui stava lavorando su temi abbastanza affini e quindi la cosa è partita
anche nel percorso europeo di Roaming lo sforzo è stato di mettere insieme generazioni diverse
Roaming si pone quindi in modo trasversale rispetto al mondo
dell'arte a prescindere dalle logiche di galleria infatti Roaming
è riuscito a far lavorare insieme anche artisti di grande rilievo
e che dal punto di vista della logica di galleria non potrebbero
mai lavorare insieme perché magari i loro mercati hanno inte-
ressi che sono in conflitto
quando penso a Roaming e al mio passato artistico la mia inge-
nuità nel voler rimanere fuori dal mercato autofinanziandomi
la ricerca
ha avuto sicuramente degli svantaggi perché facendo mostre
ogni 4-5 anni a parte che non mi ha dato alcuna visibilità non
mi ha consentito un confronto stretto con gli altri artisti e le
altre direzioni della ricerca
però il vantaggio è stato di poter fare Roaming perché io sono
un outsider di conseguenza non ho una storia legata alle gallerie
Aldo Spoldi non avrebbe mai potuto fare Roaming perché Marconi l'ha bruciato
di conseguenza Aldo Spoldi è quell'autore anni 80 che ha lavorato con Marconi ed è rimasto li
fermo restando che poi Spoldi è simpaticissimo ed è bravissimo
ma questo è un altro discorso
io sono visto come un personaggio atipico
gli artisti trentenni non si preoccupano di me perché certamente non sto sgomitando al loro fianco e quelli di 60 anni tanto
meno
penso che l'arte rappresenti un microcosmo che riflette il sociale
e lo progetta
in una condizione come quella contemporanea penso che l'arte
possa e debba anche rilanciare un bisogno di progetto che è

l'unico che ci può tirar fuori dai guai della nostra realtà sociale e culturale

una capacità di nuovo di pensare in grande ripristinando dei meccanismi di relazione che siano capaci di valorizzare

le diversità e l'individualità in un confronto di diversità

ecco perché penso che l'idea di opera si sia a tal punto dilatata da comprendere anche la relazione tra gli artisti e tra gli artisti e il proprio pubblico che poi se vogliamo non è una novità

oggi si pone su di un piano diverso con strumenti diversi

se penso a internet e ai social network sono strumenti che hanno un'importanza davvero determinante abbiamo visto anche in Oriente come essi abbiano facilitato l'aggregazione e siano stati determinanti per le rivoluzioni

quindi è un potenziale enorme

cambiano la nozione di spazio e tempo nonché quella di territorio

su FB la mattina incontro delle persone e una sta a Berlino l'altra a New York e scambio quattro chiacchiere come faccio fuori dal portone di casa anche se è una dimensione diversa

e il fare artistico deve confrontarsi con queste problematiche non per esaltarle ma perché è un dato di fatto e la rete è un luogo di circolazione di idee

Roaming oltre che occuparsi di rapporto tra materia fisica e materia non fisica tra opera e immagine dell'opera sviluppa anche l'idea di un'opera che metta in relazione tra di loro il lavoro degli artisti in un processo dialogante questo è un po' il senso

in qualche modo si affronta un problema etico, che oggi credo si faccia sempre più urgente

molti si affacciano al mondo dell'arte considerandolo un lavoro molti pensano sia un lavoro più attraente degli altri è un bel mondo è divertente è mitizzato si pensa di guadagnare chissà quanto e quindi si sgomita per farsi spazio tra gli altri

quando l'arte invece diventa una condizione di vita e allora non c'è bisogno di sgomitare per me penso sia quello è il mio modo di vivere è un po' come respirare che bisogno hai di sgomitare

questo spiega piuttosto la necessità dell'innamoramento continuo perché senza innamorarsi si può solo sopravvivere non vivere

questo modo di vivere mi fa sentire tra l'altro la necessità del confronto con gli altri artisti ecco il perché delle mie iniziative tipo l'Ospite e l'Intruso o Dialogos che nascono e affiancano Roaming

Dialogos ha raccolto il mio interesse per il concetto di negoziazione

quando si fa una mostra succede che ogni lavoro si relaziona con un altro lavoro

invece in genere ci si divide lo spazio il mio lavoro è qui il tuo lì mi viene in mente il dialogo nella sua accezione socratica dialogare come fine in sé per cui non c'è una conclusione è inconcludente ma c'è il processo del confronto allora mi interessava concepire un'operazione che non avesse come sbocco una mostra ma che avesse nella negoziazione il suo fine ultimo

anche con un risultato visivo

ho fatto un testo su questa cosa Alessandro Castiglioni ha rilanciato Luca Scarabelli è stato coinvolto subito e altri con cui mi trovavo a collaborare

e faticosamente è partita ho lanciato un sasso nello stagno con vecchi lavori e gli altri mi hanno risposto qualcuno si altri no le pratiche di ognuno erano molto diverse è durato un anno e mezzo e c'è un documento google che poi è diventato un catalogo che testimoniano questa negoziazione

non ci sono opere nel senso stretto forse ma dei semilavorati che si innestano l'uno nell'altro

e questa è la tematica del confronto come principio di costruzione

e ne è uscita una non mostra

ma è un momento in cui serve questo secondo me

belle mostre ce ne sono tante ma senza anima non c'è rischio
non mi legherei a una galleria seguo Roaming e funziona per il
fatto che io sto facendo un progetto di ricerca
nel momento in cui io dovessi avere una ricaduta di convenien-
za personale
non sarei più credibile quindi è un rischio troppo grosso che
non vale assolutamente la pena di correre
almeno la mia vita è sempre andata così

In Concetta Modica, *In pasto al presente*, a+mbookstore, Milano, 2013

Quello che non ti ho scritto

È bello sapere che il senso di queste parole sta solo nella loro scrittura.

05-02-13

In Daniela Spagna Musso, *Quello che non ti ho scritto*, artist book, 2013

Metastabile. Iconologia degli intervalli

In fondo credo che l'essenza delle cose stia negli interstizi; forse è per questo che spesso mi trovo a percorrere quei bordi che stanno al di qua e al di là dove i confini si confondono. Una sorta di terra di nessuno del tempo e dello spazio che ha un qualche cosa a che vedere con l'eterotopia foucaultiana.

Questa terra di nessuno idealmente realizza una condizione di *metastabilità*.

Metastabile è un unico titolo per quattro lavori che qui, come talvolta accade nelle mostre, prendono senso nel dispositivo che vanno a creare attraverso la loro relazione, una volta in spazio. Questo senso è un'iconologia, ovvero è il senso degli intervalli spaziali e temporali.

metastàbile agg. [comp. di meta- e stabile]. – Genericam., che è in condizione di parziale o temporanea instabilità, o di precaria stabilità; nel linguaggio scient. e tecn., il termine assume varî sign. particolari:

a. In chimica fisica, fase m., o fase di stato m., particolare stato instabile, cioè di pseudoequilibrio, raggiunto da una sostanza o da un sistema con l'acquisto di una quantità di energia superiore a quella che competerebbe al suo stato più stabile, al quale tende a passare: per es., quello che si può far raggiungere all'acqua, alla pressione normale e a una temperatura di qualche grado superiore ai 100 °C, senza che essa bolla.

b. In fisica atomica, stato m. di un atomo (o di una molecola, o di un nucleo atomico), quello corrispondente a un livello energetico eccitato avente una vita media relativamente elevata.

c. In fisica delle particelle elementari, particelle m., quelle che decadono tramite interazioni deboli o elettromagnetiche e che hanno vita media molto più lunga della vita media delle particelle (instabili) che decadono tramite interazioni forti.

d. In metallurgia, metalli e leghe in stato m., che hanno struttura diversa da quella che a essi competerebbe nelle condizioni fisiche (soprattutto per quanto concerne la temperatura) in cui si trovano; in pratica, ogni prodotto metallurgico risulta in tal senso metastabile perché all'aria, cioè in presenza di ossigeno, la forma termodinamicamente stabile di un metallo è l'ossido.

(da *Enciclopedia Treccani*)

"Temporanea instabilità" o "precaria stabilità" sono due concetti che si avvicinano nel momento in cui esprimono una lontananza: instabilità *vs.* stabilità.

Temporanea/precaria, invece, è la radice comune che ne ribalta il senso entro una sorta di intermittenza continua.

La metastabilità è un'attesa, un intervallo. E l'intervallo è lo spazio che separa i lavori in un allestimento; ed è il tempo di quello spazio. Come il silenzio tra due note musicali; ma è proprio il silenzio che attribuisce alle note il loro carattere (così diceva John Cage).

Ermanno Cristini, *Metastabile*, a cura di Massimo Marchetti, Casabianca, Zola Predosa, aprile 2013

Curare il curatore

Curare il curatore è un contributo di dibattito nella forma di un progetto in progress iniziato da Virginia Zanetti nel dicembre 2011, con i ritratti per il libro *A Brief History of Curating* di Hans Ulrich Obrist e con la mostra a Berna integrata da una tavola rotonda con Chistian Herren, Hans Ulrich Obrist e Fabrice Stroun alla Kunsthalle di Berna, proseguita nel 2012 con un intervento al Forte Militare di Chillon, a Montreaux, e con la partecipazione ad *Arspolis* a Lugano.

La mostra concepita per *riss(e)* è un nuovo step con un allestimento che raccoglie nuovi ritratti e materiali, nonché la presentazione di un "testo polifonico" scaturito dall'invito di Virginia a rispondere ad alcune domande sulla relazione artista-curatore poste in un file di condivisione in cui sono stati raccolti molteplici contributi.

Le domande, formulate da Virginia Zanetti erano:

1) Cosa significa per te la pratica della curatela?
2) Come vivi il rapporto di dipendenza artista/curatore: chi dei due ha più bisogno dell'altro o come ne ha bisogno?
3) Che tipo di relazione c'è nella coppia artista-curatore? Artista-curatore o curatore-artista?

Allo stato attuale sono state raccolte le opinioni di (in ordine di apparizione): Antonello Tolve, Emilio Fantin, Matteo Innocenti,

Ermanno Cristini, Pietro Gaglianò (con Elena El Asmar), Giancarlo Norese, Pier Giorgio De Pinto, Stefano Taccone, Ambra Pittoni, Emanuele Serafini, Luca Scarabelli, Valerio Dehò, Pierfabrizio Paradiso, Angel Moya Garcia, Al Fadhil, Daniela Spagna Musso, Cecilia Guida, Yari Miele & Corrado Levi, Lisa Batacchi, Francesco Lauretta, Francesca Longhini, Controcarretta della Speranza (Simone Ialongo & Tony Fiorentino), Massimo Marchetti, Gian Maria Tosatti, Alice Pedroletti, Vénera Kastrati, Studio ++, Davide Quadrio, Jean-Marie Reynier, Alberto Zanchetta, Marcella Anglani, Katia Baraldi, Elena Bellantoni, Alessandro Laita, Alessandro Castiglioni, Sergio Racanati, Anna Stuart Tovini (UnDo.Net), Riccardo Lisi, Alessandro Di Pietro, Valentina Briguglio…, i quali in parte sono stati presenti sabato.

Ermanno Cristini: Cara Virginia, come sai, sono contento di ospitare a *riss(e)*, nel mio studio di Varese, questa tua mostra che credo tocchi una questione ormai nevralgica: quella del rapporto artista-curatore, dei suoi equilibri e dei suoi squilibri. Infatti si tratta di una mostra che rappresenta un'occasione di riflessione sulla curatela attraverso l'opera, invertendo i termini usuali del processo critico. E in un momento in cui si assiste a un protagonismo sempre più marcato degli "attori" della curatela, mi piace che un'artista provi a rovesciare il rapporto, "prendendosi cura dei curatori" attraverso la sua personale visione e con un medium tradizionale che vuole essere la sintesi di un grande archivio fotografico realizzato soprattutto attraverso il web.

Si tratta di un gioco delle parti che attraversa i territori di una relazione complicata, resa sempre più complicata dall'equivoco che attribuisce a una pratica le valenze di una professione. E che si tratti di una nota dolente è testimoniato dalla "polvere di stelle" che avvolge in misura crescente la figura del curatore e, d'altro canto, dall'esigenza non più rara che gli artisti esprimono nell'esercitarsi direttamente nella pratica curatoriale.

In realtà forse la questione si gioca non nell'antinomia artista-curatore ma proprio nell'assenza di questa antinomia, vista come un rapporto di odio-amore che se non si esercita nel pieno della sua capacità oppositiva perde la forza che deriva dalla pariteticità naturalmente presupposta e con essa perde la sua fecondità...

Virginia Zanetti: Caro Ermanno, finalmente le voci che formano il testo polifonico sul google drive che ho aperto lo scorso settembre hanno preso vita nel tuo spazio. Uno scambio eterogeneo e ricco, impossibile da rinarrare per chi non c'era, visto che la memoria personale è sempre partigiana, quindi né oggettiva né esaustiva.

Vorrei però prima di tutto ricordare le "premesse", ovvero alcuni di quei contributi che hanno generato la discussione da te. È molto difficile per me fare una selezione degli interventi, ma posso tentare una sorta di patchwork che suggerisca gli argomenti poi orchestrati da Matteo Innocenti durante la tavola rotonda, o meglio il "divano rotondo".

Si tratta di una successione di spunti, idee, visioni critiche, disposte in libertà e necessariamente disorganici e che per "forza di spazio" escludono altre voci non certo meno pertinenti e feconde.

E.C.: "(...) il prendersi cura, il curare, nel momento in cui necessariamente si esercita nel rapporto con l'altro, è il parlare, *Sprechen*. E non c'è cura di sé fuori dal rapporto con l'altro, il riconoscimento del quale implica la coscienza di sé. E non c'è cura di sé che essendo cura dell'altro non sia parlare.

Detto altrimenti, se non si può essere artisti senza parlare così come non si può essere critici senza parlare, esercitarsi nella cura diventa la condizione per essere tanto critici quanto artisti. Quindi il tema del rapporto artista-curatore rimanda a quello del dialogo dove il dialogo non può che essere da pari a pari e apertamente inconcludente, per essere dialogo, e per ritrovare forse quella sollecitazione affettuosa di cui ci dice l'etimo della parola cura.

Così una pratica, quella curatoriale, diventa luogo di una fluidità dialogante che esercitandosi nello specifico dell'arte lo travalica per investire la vita, come metafora e come progetto."

V. Z.: Caro Ermanno, è interessante come il discorso muovendo dal ruolo di due "primi attori" della scena artistica, l'artista e il curatore, si sia piano piano spostato fino a coinvolgere i temi del linguaggio e quindi dell'opera, temi che per me, artista, alla fine rivestono un significato particolare.

Dunque ripartiamo da un rapporto d'amore ma non c'è un rapporto d'amore senza odio. E non c'è neppure un rapporto di amore-odio che resti entro confini tracciati a priori. C'è un bisogno di attraversamento continuo delle zone liminari che in fondo appartiene al mio stesso progetto; Davide Quadrio, che nel suo video messaggio per il testo polifonico si definisce un produttore piuttosto che curatore, prendendo spunto dalla mia domanda curatore-artista artista-curatore dichiara la fusione delle due anime in questo gioco di parole e trova nella mostra il luogo di comunione tra artista e curatore.

E.C.: D'altra parte, Virginia, se intendo bene l'intervento di Filippo Fabbrica di *Love Difference*, Fondazione Pistoletto, il problema alla radice è quello del comportamento creativo, dinnanzi al quale le categorie tradizionali di curatore e artista entrano in crisi.

Forse la spinta principale arriva da fuori il mondo dell'arte; arriva dalla volontà di intrecciare le discipline e di pensare a operazioni che travalicano l'ortodossia del sistema dell'arte. L'esperienza di *Love Difference* va proprio in questa direzione: la questione del rapporto artista-curatore rientra in sua sorta di "economia dell'incontro" che si traduce in un continuo intreccio relazionale.

Ma la cosa che mi fa pensare è anche la posizione di Sergio Breviario. Sergio, con la sua consueta capacità di proporre uno sguardo "estraneo", o meglio di "rovesciare il tavolo" ci ricorda che questa questione del rapporto artista-curatore non si deve appiattire in una sorta di "critica della critica", o peggio in un bisogno di riscatto degli artisti che si traduca in un lamento poco produttivo, portando viceversa l'esempio di numerosi artisti che sono bene felici di stare all'ombra del curatore di turno delle varie Biennali, pur di esserci.

Non solo, ma l'attitudine dell'artista a "curare", ovvero a elaborare il "concept" delle mostre contiene un pericolo: quello del linguaggio. E l'opera, che è poi lo specifico del fare artistico, non può mai ridursi a un fatto di linguaggio, perché il linguaggio è convenzione. Non può esistere un'opera la cui idea preesista al suo farsi, altrimenti non è opera e il suo farsi non può essere semplicemente la comunicazione del suo preesistere in un'idea, altrimenti non è opera. Il problema deriva in gran parte da una visione equivoca del concettuale americano.

Questa posizione di Breviario credo che ci aiuti a porre la questione della curatela in modo tale da non perdere di vista la specificità del fare artistico, che contiene sempre una dimensione di scoperta, ed è per questo che se riguarda il linguaggio lo riguarda solo nelle aree del suo sgretolamento: è quel confine inesistente dove una convezione si sgretola ma ancora non c'è quella nuova, perché se ci fosse diventerebbe di nuovo linguaggio, ecc. È il "Quando inavvertitamente il mio dito" del Werther.

Allora, io credo, il curatore può anche essere artista e l'artista curatore ma solo se sanno vestire senza dismettere mai i panni dell'innamorato.

In *Curare il curatore. Virginia Zanetti*, "UnDo.Net", luglio 2013

Camminare con la testa sotto il braccio

Da ateo non ho una particolare dimestichezza con i miracoli tanto che mi viene immediatamente da pensare al Voltaire del *Dizionario filosofico* che ne parla come di: "un fatto che violi quelle leggi divine ed eterne: come sarebbe (…) un morto che faccia due leghe a piedi portandosi la testa sotto il braccio."

I miracoli richiedono un'attitudine alla bugia ma d'altra parte la bugia è anche condizione necessaria per un pensiero trasversale, quello capace di staccarsi dalla prevedibilità consolatoria del verosimile e di cimentarsi nella tensione progettante. "Facciamo finta che…" è la molla del gioco infantile e la chiave che guida alla scoperta, consentendo di guardare la realtà con occhio estraneo.

È Itlodeo, il raccontatore di bugie, ad animare l'*Utopia* di Tommaso Moro, perché il linguaggio deve mentire per consentirci di trasformare la realtà nel continuo, vano, tentativo di afferrarla.

Ed è per questo che il viaggio di Itlodeo disegna un universo il cui fulcro sta in Amauroto, la città nascosta. Da questo punto di vista esso si offre come viaggio assolutamente inutile: la sua meta è in realtà invisibile, presente attraverso un'assenza. Come molte verità, che si rivelano proprio in quanto sfuggono alla mano che si allunga, al pari di un orizzonte.

L'orizzonte, se si vuole, è una bugia perché non c'è mai. Eppure il valore euristico dell'orizzonte è fuori discussione e prende senso proprio nella sua qualità utopica, e "miracolosa".

Dato il suo carattere di "altrove", l'orizzonte non ha luogo e il viaggio che esso chiama è un viaggio senza scopo, quel viaggio che si realizza nel "viandare" e che ha il naufragio come presupposto.

È questa allora l'essenza dell'utopia: il rincorrere un viaggio che si esplica in un naufragio continuo? Perché se il viaggio conducesse a una meta, perderebbe la sua capacità di assegnare all'utopia la forza che le deriva dall'impossibilità.

Ma se così è, la verità dell'utopia non sta allora piuttosto in ciò che Foucault, in *Le parole e le cose*, definisce un'"eterotopia"?

"Le utopie consolano (…) Le eterotopie inquietano, senz'altro perché minano segretamente il linguaggio, perché vietano di nominare questo e quello, perché spezzano e aggrovigliano i luoghi comuni, perché devastano anzi tempo la «sintassi» e non soltanto quella che costruisce le frasi, ma quella meno manifesta che fa «tenere insieme»… le parole e le cose".

L'eterotopia può dunque essere in verità la forma autentica dell'utopia e, in ultima analisi, parlando di arte, la direzione dello sguardo di Friedrich, quello sguardo reso limpido dal "mare di nebbia" che è metafora del fare artistico come ha ben capito Bas Jan Ader nella sua partenza senza ritorno alla ricerca del miracolo.

Se l'orizzonte lo vedi nel momento in cui chiudi gli occhi perché in quel momento e solo in quel momento si illumina in un buio e idealmente lo possiedi, , la questione è che quando il battito di ciglia finisce e l'occhio si apre il miracolo svanisce e, paradossalmente, i morti, con la testa a posto, cessano di vivere, adagiandosi sui terreni sicuri della possibilità.

In *Virginia Zanetti. Walking on the water: miracle and utopia,* Mediterranea 16, Young Artists Biennial, Ancona, 2013

Roaming. On file

L'assunzione dell'archivio in ambito artistico costituisce una tendenza significativa della ricerca artistica contemporanea. Forme, procedure, modalità che per tradizione appartengono alla burocrazia vengono riempite di valenze espressive assumendo significati che trascendono il loro carattere strumentale.

La burocrazia è una forma gerarchica dello stato che per esercitarsi necessita anzitutto della costruzione di un archivio.

Secondo Derrida (*Mal d'archive, une impression freudienne*, Paris, 1995) l'etimo della parola deriva da *Archè*, "comando": l'archivio è una "domiciliazione" che presuppone un "guardiano", l'autorità che detiene il potere ermeneutico; e la burocrazia è l'esercizio di tale potere.

L'archivio dunque non è mai neutro ma costituisce un *contenente* la cui forma determina la qualità del *contenuto*. Da questo punto di vista l'archivio è un linguaggio a tutti gli effetti.

Roaming vuole affrontare in tale ottica il tema dell'archivio, ponendo al centro la questione della ricaduta sull'identità.

Effetto primo della burocrazia è il controllo dell'*identità*. L'archivio che soggiace a tale controllo è una raccolta e un'indicizzazione finita. L'archivio della burocrazia è uno strumento di appiattimento identitario perché nel suo ruolo di sistema linguistico nomina *l'essere* come forma chiusa.

Viceversa l'archivio, idealmente, costituisce una forma aperta essendo, come vuole Umberto Eco (*La vertigine della lista*,

Milano, 2012), la forma della lista un luogo che "suggerisce quasi fisicamente l'infinito".

La burocrazia avvalendosi dell'archivio a suo fondamento in realtà ne nega la natura.

L'appuntamento di Bucarest si sviluppa intorno a questa ipotesi scandagliandola secondo tre punti di osservazione: le esperienze di denuncia della burocrazia come pratica di controllo, quelle dove l'archivio diventa strumento di ricostruzione identitaria e quelle che riflettono sul web vedendo l'archivio come *forma liquida*.

Roaming. On file, a cura di Alessandro Castiglioni e Ermanno Cristini, Platforma-MNAC, Bucarest, giugno 2013

Odino e la stufa di Drakeplatz

Odino secondo l'iconografia più diffusa è ritratto con il cappello e il bastone da viandante.

Perché Odino, oltre a essere il dio della guerra è il dio del sapere e della poesia, e sapere e poesia si nutrono necessariamente di un atteggiamento nomade: il "viandare", appunto. Cosa ben diversa dal viaggiare, che in genere implica una meta; il viandare invece trova la sua meta in un costante ricominciare, che presuppone un atteggiamento di continua scoperta del mondo.

A questa immagine mi fa pensare l'iconografia di Beuys, che lo ritrae sempre con l'inseparabile cappello e spesso con il bastone da sciamano, ma anche da viandante. E come il culto di Odino presuppone una particolare attenzione per le risorse naturali il lavoro di Beuys è profondamente permeato di "natura", nelle materie, nelle forme, nelle modalità e nelle pratiche.

È l'atteggiamento del viandante a guidare il bastone di Beuys collocando il suo lavoro in una dimensione fortemente etica dove il fare artistico, il linguaggio, diventa comportamento di vita. Alla radice della vita, dove si origina il sapere, nel tentativo di afferrare quell'energia che dà forma all'essere. Un procedere per cambiamenti continui, appunto un "viandare", nella consapevolezza del fatto che "tutto è in uno stato di cambiamento".

È in questa prospettiva che si definisce l'attenzione di Beuys per i materiali naturali e soprattutto per i processi della natura, come fondamento della vita e dunque del sapere: "L'uomo e la natura con l'animo riunito ricostruiranno un nuovo mondo". Il miele, la cera, il polline, il grasso, sono le parole di un discorso che ridisegna le forme della scultura per ridisegnarne intimamente il senso. Così come i cibi che popolano la grande stufa dello studio di Drakeplatz a Düsseldorf, sono materie capaci di trasformarsi nel tempo, di produrre reazioni e rigenerazioni e, ancora, i grandi cicli dedicati alla natura come *Olivestone* e *Difesa della natura*; tutto sposta l'asse del fare artistico dal comportamento della forma verso la forma del comportamento.

Proprio questo spostamento rende il lavoro di Beuys di grande attualità, in un epoca, come la nostra, in cui si fa sempre più improrogabile un bisogno di eticità dell'arte. *Arte antropologica*, quella di Beuys; ma può darsi un'arte che non sia antropologica?

In "LART", maggio 2012

Saremo come dei principi, sottoterra

DA: ERMANNO CRISTINI <cristini.reset@libero.it>
A: JEAN-MARIE REYNIER <amry@ticino.com>

Caro Jean-Marie,
la conclusione della mia lecture a Chillon stava in una frase di Po Chang, a cui Virginia ha dato corpo con la sua performance: "Non ditemi che è una brocca ma ditemi che cos'è".

È un invito a parlare il linguaggio a "bocca chiusa", nutrendolo dei silenzi che soli gli consentono non già di nominare la realtà ma di essere la realtà.

E in fondo di questo si tratta, la nostra "immersione" è diventata la condizione di un'interrogazione sull'*essere*. L'*essere* dei nostri ruoli, l'*essere* del nostro fare, l'*essere* dell'opera.

Il "teatro delle coppie" a cui abbiamo dato vita, alla fine, dissolvendosi, si è sviluppato intorno a questa interrogazione, abbordata con levità, condotta con il piacere del gioco, come si conviene in queste cose, lasciandosi guidare dai camminamenti labirintici di un andare sempre più sotto, sempre più in profondità, sempre più al cuore.

Il viaggio all'interno della collina che contiene il forte di Chillon si è sempre più rivelato un viaggio all'interno della collina che ci contiene e che noi conteniamo.

Di "Metronomo agogico" mi piaceva parlare a proposito del tuo fare in questo caso, dove la necessità del "ritmo" si è costantemente misurata con la necessità della sua alterazione nella declinazione personale di tutti i partecipanti, ognuno con il proprio passo, con il proprio affanno. Ne è uscita una narrazione collettiva che esplicitando il processo del suo farsi e percorrendo il tempo del suo sviluppo attraverso i due giorni che ci hanno visto lavorare laggiù, si è data anche, perché no, nella forma di un "intrattenimento".

Siamo stati bene nel fortino; intrattenere ha qualche cosa a che fare con il dimorare e il suo etimo comprende l'indugiare, il trattenersi e il ritardare, come nella dimora, la casa.

Dunque l'interrogazione sull'essere ci ha portato a indugiare, ovvero a consumare un ritardo nello spazio e nel tempo che se vogliamo è uno sperpero. Un grande privilegio quello di poter sperperare, lo sappiamo bene noi perditempo, perché sappiamo che è nello sperpero che le cose si rivelano emancipandosi dalla loro dimensione utilitaristica.

Ci siamo persi nel forte consumando uno sperpero e questo perdersi lasciando la superficie ci ha fatto vivere la deriva dello spazio entro un ansimare della linea del tempo. Forse è proprio in quell'ansimare che possiamo rinunciare a nominare le cose per sentirle invece cantare, ovvero per averne esperienza.

Proprio così, ci siamo disposti all'ascolto della voce delle cose.

Abbiamo iniziato senza una "missione" eppure ci siamo ritrovati tra le mani questioni sostanziali.

Abbiamo riso eppure ci siamo scoperti al cospetto di temi tutt'altro che risibili. Ci siamo "nascosti" eppure abbiamo esibito le nostre "nudità", senza pudori, per cogliere senza pudori le nudità delle cose.

Là sotto non abbiamo trovato risposte e tantomeno le abbiamo date, così se non altro non possiamo scrivere la parola fine ma, forse, ne siamo usciti avendo accresciuto la consapevolezza del fatto che l'adesso è già in corso e che la meta è il cammino, perché la perdita è anche perdita di inizio e fine e durante; questa è la verità di ogni viaggio.

Ora aspettiamo.

"Non sapersi orientare in una città non significa molto. Ci vuole invece una certa pratica per smarrirsi in essa come ci si smarrisce in una foresta" (Walter Benjamin, *Infanzia berlinese*).

C'est la nuit qu'il est beau de croire à la lumiere, a cura di Ermanno Cristini e Jean-Marie Reynier, Forte Militare di Chillon, Montreux, Vaud, Svizzera, giugno 2012; Arspolis, Lugano, settembre 2012

Riss(e)

Non c'è etica senza riattribuzione del senso e non c'è senso senza ripensamento del valore del fare.

riss(e) nasce così. Oggi la realtà è talmente cruda da non consentire perbenismi. Dunque un terreno di confronto fuori dai limiti.

E poi "Riss" in tedesco è "fessura", "crepa", "squarcio"; e dalla crepa entra la luce.

È valicando i limiti che si può riattribuire un senso al fare e più nello specifico al fare artistico.

Non è cosa nuova, ma forse ora assume il valore di un'emergenza imprescindibile.

Valicare i limiti è varcare i confini: è l'attitudine del viandante. Senza mappa, senza meta, senza ritorno; perché l'unica meta è il ricominciare ad andare via.

riss(e) ha questo spirito. È uno spazio fisico solo accidentalmente perché non può essere "qui". *riss(e)* vuole essere piuttosto un "dovunque", un "altrove"; una sorta di piattaforma che si sposta trovando nell'erranza la propria dimensione etica.

riss(e) non è un project-space perché non ha una linea curatoriale organica. Propone "mostre", anche ma non soprattutto, e vuole misurarsi con un continuo "fuori registro" ; quella condizione che deriva dalla consapevolezza che, abbandonata la mappa, non resta che stupirsi degli incontri.

riss(e) raccoglie una disposizione al dialogo che ha fatto nascere altri progetti, come *Roaming*, *L'ospite e l'intruso*, *Dialogos*; diversi tra loro ma accomunati da un bisogno di confronto, in una dimensione relazionale che attraversa la domanda sul "che fare?" un po' con lo spirito dell'interrogativo di Leonardo da Vinci: "la luna, come sta la luna?".

(Riss(e) è nata con il contributo ideale e di discussione di diversi "passanti": Cesare Biratoni, Sergio Breviario, Alessandro Castiglioni, Giancarlo Norese, Vera Portatadino, Luca Scarabelli.

Oggi ha incrociato e sta incrociando altri "passanti", tra cui: Aurelio Andrighetto, Giovanni Bai, Raffaella Barbato, Marion Baruch, Lisa Batacchi, Antonio Barletta, Marco Belfiore, Dario Bellini, Francesco Bertocco, Enrico Boccioletti, Lorenza Boisi, Federica Boràgina, Enrica Borghi, Giulia Brivio, Alessandro Broggi, Giovanna Caliari, Mattia Capelletti, Rita Canarezza & Pier Paolo Coro, Antonio Catelani, Umberto Cavenago, Mario Casanova Salvioni, Dustin Cauchi, Viviana Checchia, Vincenzo Chiarandà, Richard Clements, Clement Project, Gianluca Codeghini, Francesca Marianna Consonni, Mauro Cossu & Francesca Conchieri, Valerio Del Baglivo, Carlo Dell'Acqua, Alessandro Di Pietro, Diana Dorizzi, Freya Douglass-Morris, Graziano Folata, Francesco Fossati, Simone Frangi, Archie Franks, Daniele Geminiani, Patrick Gosatti, Patrizia Giambi, Sabina Grasso, Elio Grazioli, Maurizio Guerri, Cecilia Guida, Silvia Hell, Cecilie Hjelvik Andersen, The Island, Gabriele Jardini, Giulio Lacchini, Erika La Rosa, Lucia Leuci, Corrado Levi, Sergio Limonta, Cathy Lomax, Chiara Luraghi, Ingeborg Lüscher, Andrea Magaraggia, Valentina Maggi Summo, Marco Andrea Magni, Jenny Magnusson & Patrik Elgström, Francesca Mangion, Amedeo Martegani, Beatrice Marchi, Francesco Mattuzzi, Monica Mazzone, Samuele Menin, Metamusa, Carlo Miele, Yari Miele, Concetta Modica, Rossella Moratto, Giovanni Morbin, Angelo Mosca, Aldo Mozzini, Alberto Mugnaini, Museo Teo, Marco Neri, Adreanne Oberson, Giovanni Oberti, Federico Pagliarini, Federica Pamio, Stefano W. Pasquini, Chiara Pergola, Cesare Pietroiusti, Marta Pierobon, Jean-Marie Reynier, Rosamaria Rinaldi, Museo Riz à Porta, Fabio Sandri, Laura Santamaria, Lidia Sanvito, Angelo Sarleti, Alli Sharma, Riccardo Sinigaglia, Annalisa Sonzogni, Noah Stolz, Anna Stuart Tovini, Marco Tagliafierro, Luisa Turuani, Francisca Silva, Bohdan Stehlik, Una Szeemann, Temporary Black Space, T.E.S.O., Federico Tosi, Gabriele Tosi, Sophie Usunier, Virginia Zanetti.

In "risseart.jimdo.com"

Dialogos

"È quindi la fedeltà al principio del dialogo che fa accettare a Socrate persino la morte."

Il dialogo per un verso, com'è riportato dal giovane discepolo Platone, è sempre "inconcludente"; non porta mai a termine ciò di cui si sta discutendo, non chiude, non definisce la verità una volta per tutte: la verità va sempre rimessa in discussione. Ma per un altro verso è proprio con il metodo socratico delle "brevi domande e risposte" che l'interlocutore, rispettato nel suo diritto di capire e fare obiezioni, è costretto a confessare la sua "ignoranza", capisce finalmente di "sapere di non sapere".

Dunque il dialogo che in quanto palestra del linguaggio esalta la parola, pratica un silenzio e così facendo consente al linguaggio di rivelarsi nella sua essenza: "un'aspirazione silenziosa".
"... noi stiamo in molte cose indipendentemente dal linguaggio: per esempio quando saliamo le scale di corsa; e poi stiamo *anche* nel linguaggio, per esempio quando diciamo: – Che corsa! – Il punto infatti non è questo, ma quest'altro: che proprio nello stare nel linguaggio non vi stiamo e che, così non standovi, vi stiamo (...)".
È questo paradosso che ti chiedo di vedere. Esso allude appunto al silenzio che il linguaggio, pur evocandolo e nominandolo, pur – rompendolo – non può dire e neppure propriamente concepire, sebbene lo frequenti" (Carlo Sini, *Il gioco del silenzio*).

Un pensiero Zen molto noto dice: "Nell'istante in cui parli di una cosa, essa ti sfugge". Non è molto lontano dal filosofo di Merleau-Ponty: "... tutto avviene come se egli volesse tradurre in parole un certo silenzio che è in lui e che egli ascolta. La sua intera opera è questo sforzo assurdo. Il filosofo scriveva per dire il suo contatto con l'Essere: ma non l'ha detto, e non potrebbe dirlo, giacché questo contatto è tacito. Allora egli ricomincia..." (Carlo Sini, cit.).

Allora egli ricomincia... Il filosofo, come l'artista, se non ricominciassero a parlare, se non stessero dentro questo paradosso, non frequenterebbero il silenzio, che è essenza del linguaggio in quanto luogo di contatto con l'essenza della vita.

Quindi un dialogo per frequentare il silenzio.

Due o più artisti; uno spazio. La messa in mostra normalmente è un affiancamento o un'integrazione di voci in un tempo congelato. Un allineamento di monologhi che si danno nella ricerca di un rapporto con un luogo.

Mi incuriosisce invece l'esperienza di *Palinsesti* in *Strutture precarie*[1] che introduce il concetto di messa in mostra come negoziazione: un artista si sovrappone a un altro, introducendo inevitabilmente il fattore tempo, "... l'autore è obbligato a rinegoziare la sua opera".

Questo concetto di negoziazione rimanda al dialogo. Ma allora se fosse apertamente "inconcludente"?

Penso a una messa in mostra che si dia nel tempo, come dialogo, e che non si staticizzi mai in un allestimento definitivo. Anzi, ciò che appare nell'allestimento, la "mostra", in realtà "espone" quello che non si vede; il suo buio; il silenzio che prende senso tra le parole.

---

1) *Strutture precarie*, Ex Essiccatoi, San Vito al Tagliamento, a cura di Denis Viva, settembre-ottobre 2009

Dietro ai manufatti visibili si possono inferire delle storie. E ciò che è assente ha più peso di quello che viene messo in scena.

"I suoni se ne stanno nella musica per rendersi conto del silenzio che li separa" (John Cage).

Le riflessioni sul linguaggio e il silenzio, inteso derridianamente non come il fuori della parola, bensì come un principio attivo, non privativo, riportato alle pratiche della visione rimandano alle osservazioni di Agamben sulle *off-cells*:

"Il buio non è, pertanto, un concetto privativo, la semplice assenza della luce, qualcosa come una non-visione, ma il risultato dell'attività delle off-cells, un prodotto della nostra retina. Ciò significa, se torniamo ora alla nostra tesi sul buio della contemporaneità, che percepire questo buio non è una forma di inerzia o di passività, ma implica un'attività e un'abilità particolare, che, nel nostro caso, equivalgono a neutralizzare le luci che provengono dall'epoca per scoprire la sua tenebra, il suo buio speciale, che non è, però, separabile da quelle luci.

Può dirsi contemporaneo soltanto chi non si lascia accecare dalle luci del secolo e riesce a scorgere in esse la parte dell'ombra, la loro intima oscurità" (Giorgio Agamben, *Che cos'è il contemporaneo*).

Che è come dire che può dirsi contemporaneo solo chi dentro le parole del secolo riesce a cogliere il suono del silenzio, perché in fondo il buio è il silenzio dell'immagine.

Dialogos Primo, Assab One, Milano, 2011
Dialogos Secondo, MACT/CACT, Bellinzona, 2014, in "Cahiers d'Art" n. 5, MACT/CACT Edizioni, 2014
Dialogos Terzo, Vitrína Deniska e Galerie Caesar, Olomouc, 2017
Dialogos Quarto, Current, Milano, 2018

Il tempo perso

Ingegnere del tempo perduto: mi è sempre piaciuto il titolo che Pierre Cabanne ha assegnato alle sue conversazioni su e con Marcel Duchamp.

Perché perdere il tempo è ricomporlo nella sua fluidità. E ricomporre il tempo è ricomporre l'essere. Per questo io gioco, sperperando il tempo dentro un tempo improduttivo.

Daniela, una persona importante per me, mi aveva regalato l'anno scorso un appunto, scritto sul retro di un foglietto, di quelli che si tengono accanto al telefono per scarabocchiare mentre si parla. Sul fronte, immerso nei segni, c'è il mio numero di telefono; la traccia di un incrocio in cui ci siamo trovati a lungo insieme a sperperare il tempo.

Sul retro è scritto: "Noi siamo quelli che, il tempo perso produce sempre un valore! Daniela".

Questo foglietto vaga ancora sulla mia scrivania.

Ho pensato di farne un lavoro: ricalcare il testo di foglio in foglio per un'intera risma di carta, ovvero 500 fogli. E continuare questa scrittura di ricalco, inutile, per 500 risme di carta (forse la scrittura, di ricalco in ricalco, si "sgranerà" scavando nel messaggio una sorta di negligenza, la negligenza del gesto).

Abbandonare ogni risma in 500 punti diversi di una città a me molto cara, Berlino (un berlinese mi diceva tempo fa: "Berlino non è, diventa"), in modo che chi vuole possa prendere e portarsi a casa un foglio, la testimonianza di uno scarto temporale.

In ogni foglio è impresso il "vuoto" di una "casetta". Una forma / non forma su cui sto lavorando da tempo, abbastanza per caso, ma che per caso rimanda alla *domus* romana, il luogo dell'*otium*.

Il "vuoto" taglia il testo – che in parte deve essere inferito – come un silenzio, la condizione che consente di toccare il corpo dei suoni.

25-07-2010

In Cecilia Guida, *The archive of forgotten ideas*, a certain number of books, 2013

L'ospite e l'intruso

Da circa un anno e mezzo ospito nella mia casa-studio, di volta in volta, due artisti; uno è l'ospite, ufficiale e dichiarato, l'altro è l'intruso e resta celato fino al momento dell'inaugurazione.

Il meccanismo, semplice e un po' giocoso, traduce lo spirito di questa iniziativa, che non è quella di organizzare delle mostre in senso stretto, secondo una linea curatoriale, ma di stabilire una sorta di relazione a tre: me, l'artista invitato come ospite e l'artista che agisce da intruso, da elemento perturbante. La conseguenza è un confronto dall'esito spesso imprevedibile.

Ospitare è "dimorare come ospite" e l'etimo di "dimorare" rimanda a "trattenersi, indugiare, ritardare".

In fondo il senso de *L'ospite e l'intruso* sta tutto qui. Si tratta di un ritardo nello spazio che io abito, vivendo e lavorando.

Ho sempre cercato di fare in modo che il mio tempo scorra all'insegna di una continuità che non prevede una divisione tra tempo lavoro e tempo libero. E la mia casa ha preso forma intorno a questo sforzo. Per certi aspetti mi viene da pensare alla *Domus* romana, luogo eletto dell'*otium*. Forse io ozio e nell'ozio c'è spazio per il ritardo.

Dunque io chiedo di ritardare da me a due artisti; di indugiare nel mio spazio attraverso interventi, installativi o performativi, che costituiscano una forma di dialogo capace di coinvolgere il mio lavoro e il mio privato.

Il risultato è un'occasione di confronto che mette in gioco pratiche artistiche diverse, tra gli artisti invitati e tra me e gli artisti invitati; e un'occasione di confronto è sempre un'occasione di crescita.

Scrive al proposito Alessandro Castiglioni, mio complice in questa iniziativa: "Ognuno soffre la sua ombra, ci ricorda Virgilio, ognuno sente stretta la propria identità e tenta delle fughe, delle variazioni sul tema (…). Il progetto di Ermanno mi appare dunque così, come il canovaccio di una commedia di Pirandello, un gioco delle parti, una riflessione sull'io e sull'altro, lo scambio continuo di ruoli e identità sempre velato da un sorriso acuto e ironico".

Dunque *L'ospite e l'intruso* appare diverso, nelle necessità, nello spirito e negli obiettivi, da altre esperienze di mostre domestiche.

Soprattutto perché gli appuntamenti realizzati, attualmente dieci, non si risolvono mai semplicemente nella forma di esposizione di "oggetti". Piuttosto si conferma una centralità delle "pratiche"; un bisogno di riattribuire al fare artistico la sua natura eminentemente esperienziale.

In questo quadro prendono particolarmente senso, ad esempio, il lavoro di Giovanni Morbin che ha sigillato la porta del mio bagno per venti giorni costringendomi a un ripensamento di quelle abitudini quotidiane che riguardano il corpo. O l'intervento di Umberto Cavenago che ha riallineato secondo una linea orizzontale tracciata con il laser tutte le cose presenti nel mio studio, alterando le determinazioni percettive e funzionali dello spazio, che in quel caso doveva giocoforza essere "diversamente" abitato. O, ancora, il lavoro di Sergio Breviario che ha installato un suo laboratorio nel mio laboratorio spostando la riflessione sulla genesi del processo creativo; o le meridiane e le clessidre mute di Lidia Sanvito che radicano la nozione di spazio in quella di tempo insidiandone la misurabilità, in omaggio all'indugiare.

Pratiche artistiche investono pratiche di vita, affiancandosi, sovrapponendosi, affrancandosi, scambiandosi. Un itinerario nomadico fatto con l'etica del viandante e non del viaggiatore, secondo la distinzione di Umberto Galimberti.

Infatti la scelta degli artisti invitati non fa capo a una "mappa", ma si deve prevalentemente a incroci fortuiti, a un bisogno di negoziazione delle esperienze, nata da altri progetti che sto sviluppando, sempre con Alessandro Castiglioni, *Roaming* anzitutto. Una delle caratteristiche di *Roaming* è proprio quella, attraverso i suoi spostamenti, di favorire un confronto tra artisti diversi per età, nazionalità, poetiche. *L'ospite e l'intruso* sviluppa alcune delle opportunità di incontro che *Roaming* realizza. Le sviluppa e le approfondisce, collocandosi come elemento intermedio tra *Roaming* e un altro progetto, *Dialogos*, il quale ha visto il suo esordio nel maggio di quest'anno ad Assab One, a Milano, e caratterizzato proprio in quanto ricerca sulla possibilità di sviluppare una pratica artistica attorno a dei presupposti di continua negoziazione del sapere, delle scelte e delle sensibilità.

Forse il bisogno di "eticità" che oggi sembra timidamente manifestarsi in un panorama artistico sempre più rumoroso conduce a un bisogno di essenza; dove la ricerca dell'"essere" dell'arte non può prescindere dal suo "essere nel mondo" e dunque con l'altro.

2009-2014

In Federica Boràgina e Giulia Brivio (a cura di), *Interno domestico. Mostre in appartamento 1972-2013*, Fortino Editions, 2013

Roaming, lo scintillio della seduzione

Accanto al guidatore è seduta una donna; perché l'uomo non le racconta qualcosa di divertente? Perché non le appoggia la mano sul ginocchio? Macché: l'uomo maledice l'automobilista davanti a lui perché va troppo piano, e neppure la donna pensa a toccarlo con la mano – mentalmente sta guidando anche lei, e anche lei mi maledice.

Milan Kundera, La lentezza, Milano, 1995

Oggi sempre più spesso l'arte è portatrice di diversità in quanto luogo della lentezza. Un territorio "marginale" dove lo sguardo si acuisce sull'insignificante e sull'infinitamente piccolo; l'emotività di un gesto si alimenta di sfioramenti esplorati con delicatezza quasi maniacale; il tempo, proiettato in una dimensione improduttiva, si dilata ad accogliere un fare che talvolta riscopre manualità minuziose, quasi esasperate.

L'opera si fa ambito privilegiato di una fisicità "sottile" e del tempo "lungo" del lavoro in opposizione alla velocità dei media e al regime della pura virtualità che contraddistingue il contemporaneo.

Eppure mai come oggi, fuori dello studio dell'artista, il destino dell'opera è direttamente proporzionale all'estensività ed alla velocità della sua circolazione.

Mediatizzata, la messa in mostra che per definizione è il luogo in cui l'opera si offre all'esecuzione da parte del suo pubblico, in una dimensione necessariamente contemplativa, si moltiplica nel consumo veloce dei messaggi visivi su cui si basa la nostra esperienza percettiva.

L'evento sostituisce la messa in mostra, mentre l'immagine sostituisce l'opera. Il *fare* che essa reca con sé si stempera nell'*apparire* e in questa forma l'opera partecipa appieno alla vertigine dell'accelerazione che contraddistingue la contemporaneità.

La parte più erotica di un corpo non è forse dove l'abito si dischiude? (…) è l'intermittenza, che è erotica (…) è proprio questo scintillio a sedurre, o anche: la messinscena di un'apparizione-sparizione.

Roland Barthes, Il piacere del testo, Parigi, 1973

Stretta tra l'*essere*, che attiene alla sua ontologia, e l'*apparire*, che riguarda il suo essere nel mondo; tra una valenza fenomenica che si sposta nella dimensione del virtuale e una valenza ontologica che afferma il proprio bisogno di realtà; tra la lentezza che la origina e l'accelerazione che la fa vivere, l'opera può trovare una speranza di compimento.

Lo "scintillio della seduzione" sta in una faglia dove s'incontrino un bordo consolatorio, plagiario, che ricalchi i contorni inconsistenti dell'immagine e un bordo sovversivo che raccolga il soffio di umanità.

In bilico su questa faglia l'opera consuma il proprio stato di precarietà ricercando un essere dentro le forme dell'apparire. Ma proprio cavalcando questa precarietà essa può ritrovare un senso e attribuire senso al proprio discorso sul mondo dandosi come metafora di una condizione contemporanea che riguardando l'opera riguarda più in generale l'uomo.

2008

In Alessandro Castiglioni, Ermanno Cristini (a cura di), *Roaming. Sull'intermittenza dell'opera d'arte*, Postmedia Books, 2013

NOTA A POSTERIORI CON TRE DOMANDE

Se le diverse tappe di *Roaming* sviluppano ognuna un tema specifico caratterizzandosi come altrettante occasioni di approfondimento di questioni diverse ma strettamente legate tra loro, sicuramente risulta evidente come l'oscillare continuo tra fisicità e immagine costituisca il tratto saliente di questo progetto.

Reiterata e in alcuni casi portata alle estreme conseguenze, tale oscillazione credo lasci trasparire una nuova nozione di "originalità", con una valenza segnatamente dialettica. O meglio, se si supera la visione che oppone l'opera alla sua immagine, ovvero l'elemento formato nella materia al suo documento visivo, si tratteggia un concetto di opera originale indistinguibile dal suo dato documentale, riprodotto.

Ciò comporta un visione estesa dell'attività formativa che si proietta al di fuori dello studio dell'artista e interessa i territori in cui l'opera si compie nel concreto dell'incontro con il suo pubblico. Da questo punto di vista è interessante sviluppare un'indagine su come si pone allora la questione della formatività nel momento in cui questa attività si misura con una trasformazione della materia che non è più "unica e insostituibile"[1].

Tale problematica della materia implica necessariamente un'interrogazione sullo specifico dell'immagine fotografica. In molte mostre di *Roaming* la fotografia non costituisce affatto il documento dell'opera o la sua riproduzione, ma è rilevante l'occhio del fotografo. In alcuni casi, come ad es. nella mostra di Genova al Museo di Villa Croce, i fotografi hanno fotografato altro: una storia costruita in guisa di fotoromanzo e dei particolari degli ambienti.

Dunque una seconda domanda riguarda il ruolo documentario dell'immagine fotografica. Per diventare corpo dell'opera l'immagine deve rinunciare alla sua valenza documentaria per assumere quella di testimonianza? In questo modo, e solo in questo modo l'immagine si investe di una corporeità che la elegge a materia dell'opera a tutti gli effetti? Oppure è costitutivo della fotografia un registro documentario e la sua qualità non può prescinderne?

Ma allora è dunque la materia della fotografia una sorta di *inframince*[2] tra documento e testimonianza e dunque è solo dentro tale oscillazione che la fotografia può compiersi compiendo in pari tempo l'opera?

1) Cfr. Luigi Pareyson, *Estetica. Teoria della formatività*, Torino, 1954.
2) Sulla nozione di inframince cfr. Marcel Duchamp, *Notes*, Paris, 1999.

Abbiamo parlato più volte di materia e di materia dell'immagine. Rispetto a quelle poetiche di cui abbiamo trattato e che costituiscono una parte rilevante della ricerca artistica contemporanea la questione dell'immagine, così affrontata, appare tutt'altro che alternativa.

Se il tema centrale delle cosiddette poetiche dell'essenzialità è un bisogno di materia, esplorata nelle sue determinazioni lievi, leggere, impercettibili, e così affermata proprio per differenza, l'esperienza che il progetto *Roaming* realizza non appare oppositiva a queste tendenze.

La terza domanda diventa: se nel bisogno di essenzialità prende corpo un nuovo impegno etico che vuole ricondurre il fare artistico e l'esperienza estetica a una dimensione di autenticità "umana", i luoghi dell'artificio possono essere parte attiva di questo impegno?

Identificata nell'*inframince* la qualità della fotografia, essa può diventare la materia di un'opera che si vuole dare come sottrazione di materia?

E ancora: l'esperienza percettiva che le mostre di *Roaming* comportano in termini di assenza, di vuoto, di riduzione, ecc. sono il tentativo di rispondere anche con l'immagine all'invasione dell'immagine?

Si può pensare che la vertigine di un sistema di oscillazioni continue costituisca il dato caratterizzante di una nozione "ricca" di immagine in cui il dato fotografico e quello materiale coesistano come elementi di un dispositivo superiore con il quale forse si identifica una nuova nozione di opera d'arte?

2013

Sindromi prodromiche 1982-2001

Il quadro, da chiunque sia scritto, esiste solo nel racconto che ne offro; o meglio nella somma e nell'organizzazione di letture che se ne possono dare: un quadro non è mai altro se non la propria descrizione plurale.

Roland Barthes, L'ovvio e l'ottuso, 1982

Le opere sono lì dove si espongono. La messa in mostra è il luogo in cui si esercita l'aspirazione delle opere a *eseguirsi*: esse cercano lo spazio (fisico, mentale, temporale) ideale per compiersi. Ma al tempo stesso la messa in mostra è il luogo in cui le opere esercitano la propria aspirazione a *farsi vedere*: eseguendosi si offrono all'esecuzione del pubblico come condizione del loro stesso esistere.

All'artista dunque, per contemplare l'opera, non resta che contemplare con l'opera il suo compiersi nella messa in mostra. E all'artista per "fare" l'opera non resta che inglobare in essa i meccanismi della sua esposizione. L'opera è la sua sociologia.

1990

MATERIA

Le opere occupano lo spazio: sono collocate. La messa in mostra è prima di tutto un'occupazione fisica. Si tratta di una materia che perturba l'equilibrio di uno spazio; lo riqualifica sotto un nuovo segno che ne registra le qualità per marcare le qualità di quella materia.

1990

... così il saputo, il visto o il sentito, oggi sono di meno in meno saputo, visto, sentito...

Jean-François Lyotard, conversazione a proposito de
Les immateriaux, Parigi, 1985

(...) Alla radice c'è un'attenzione per gli "eventi senza prestigio" di una contemporaneità sempre più qualificata da un insistente e continuo ronzio elettronico. Si tratta di un ronzio denso e avvolgente contro il quale si sgretola definitivamente, insieme con l'"aura", l'intera batteria di valori che ha accompagnato la nozione tradizionale di artisticità: l'unità compositiva, lo stile, il valore eterno, il concetto stesso di Opera, essendosi sgretolate prima ancora le abitudini e le sicurezze del nostro pensiero (...)

Ciò che importa qui è interrogare una condizione in cui la materia nel momento in cui si dichiara come tale svela uno statuto di pura apparenza. La materia espone uno stato in cui essa trae forza dalla propria inconsistenza, si nutre della propria finzione, diventa complice della propria crisi.

1984-1989

SPAZIO

Lo spazio dell'esposizione è una dimensione sociologica. È un "a priori" che condiziona il valore d'uso dell'opera da parte del suo pubblico prima ancora che si realizzi il rapporto tra quell'opera e quel pubblico.

1990

Quando inavvertitamente il mio dito…

J.W. Goethe, I dolori del giovane Werther

C'è un elemento di attrazione nella mostra in allestimento. Le opere accostate o sovrapposte le une alle altre, appoggiate alle pareti ancora imballate, sono l'immagine di un'attesa: tra poco, nella *messa in mostra*, si compiranno offrendosi all'esecuzione del pubblico. Ma oltre a questo, ciò che ci attrae di esse è la provvisorietà in quanto tale che sembra rivelare, con cruda onestà, l'essenza della messa in mostra nel concreto dell'esperienza contemporanea, dove le opere sono qui oggi solo per andare là domani.

1987-1989

FATTICITÀ

Battendo le mani l'una contro l'altra, si produce un suono. Qual è il suono di una sola mano?

Koan

L'opera e l'opera riprodotta: il fatto e il suo documento. Ma se il documento produce il fatto, l'opera, come in un gioco di specchi, si compie entro un rilancio continuo di presenze e assenze, oscillando tra finzione e realtà, astrazione e concretezza.

1990

L'esigenza di circolazione veloce ed estensiva delle opere stabilisce un tendenziale ribaltamento dei rapporti canonici tra esposizione e suo intorno. Le opere occupano il *dentro* dello spazio dell'esposizione solo per occupare il *fuori* dello spazio dei media, perché è lì che si compie il vero processo fruitivo ed esecutivo delle opere. La messa in mostra è una mostra *altrove* (…)

La materia prendendo forma nell'opera che si espone si rovescia nel suo opposto. L'opera diventa la convergenza continua di due tensioni: una volontà di presenza e una realtà di assenza. L'opera è l'istante mediano tra affermazione e crisi della materia.

1982-89

La materia dell'opera "unica e insostituibile", si stempera nella molteplicità di oggetti e formati imposti dai media (…)

La qualità della deriva è tale che l'opera cessa di costituire il referente di qualche cosa che le accade intorno; essa si identifica con questo qualche cosa al punto che non si sa più se, fuori di lì, essa esista per davvero o no.

1994

TRASPARENZA

La trasparenza della realtà trova in internet il suo compimento. Digitalizzazione e delocalizzazione corrompono definitivamente la materia e i suoi ancoraggi fisici (…).

La materia, pienamente mediatizzata, vive di pura apparenza, e lo spazio si declina nell'orizzonte scomposto della moltiplicazione delle finestre.

(…) Tutto accade sempre in un'altra finestra e quello che accade è il simulacro di un accadimento.

Nello spazio dell'ubiquità elettronica le finestre e le loro combinazioni sono l'informazione: il sovraccarico di possibilità celebra un'assenza.

2001

In Alessandro Castiglioni, Ermanno Cristini (a cura di), *Roaming. Sull'intermittenza dell'opera d'arte*, Postmedia Books, 2013

Indice